JN290279

いま子どもたちに育てたい
学級ソーシャルスキル
CSS
Classroom Social Skills

小学校低学年

河村茂雄・品田笑子・藤村一夫 編著

図書文化

いま子どもたちに育てたい
学級ソーシャルスキル CSS
小学校低学年

目　次

序章　現代の子どもたちに必要な学校教育とは
　1　対人関係を学びにくい時代の子どもたち ………………… 10
　2　ニート・フリーターの若者の共通点から見えてくるもの … 12
　3　学級生活での体験を充実させることが重要である………… 14

第1章　いま子どもたちに育てたい学級ソーシャルスキルとは
　1　ソーシャルスキルの概要………………………………………… 18
　2　学級生活で必要とされるソーシャルスキル(CSS)の内容 … 24
　3　学級でソーシャルスキルをどのように学習させるのか……… 28
　4　ソーシャルスキルの体験学習の展開の骨子 ………………… 32
　5　SSTはすべての学級生活・活動の場面で展開する………… 38

第2章　学校生活のスキル

1　あいさつ　………………………………………………… 44
2　廊下の歩き方　…………………………………………… 45
3　いすの使い方（立つ，座る，運ぶ）　………………… 46
4　教室の整理整頓　………………………………………… 47
5　着がえ　…………………………………………………… 48
6　トイレの使い方　………………………………………… 49
7　机の整理　………………………………………………… 50
8　ノートをとる　…………………………………………… 51
9　話を聞く，発言する　…………………………………… 52
10　提出物の出し方　………………………………………… 54
11　時間を守って行動する　………………………………… 56
12　食事の片づけ方　………………………………………… 58

第3章　集団活動のスキル

1　朝の会・帰りの会　……………………………………… 60
2　朝自習　…………………………………………………… 62
3　給食当番　………………………………………………… 64
4　掃除　……………………………………………………… 66
5　係の仕事　………………………………………………… 68
6　話し合い　………………………………………………… 70
7　休み時間　………………………………………………… 72
8　並ぶ　……………………………………………………… 74
9　静かに注目する　………………………………………… 76

第4章　友達関係のスキル

「おはよう」「さようなら」という基本的なあいさつをする
1　おはよう名人　さよなら名人 …………………………… 80
2　あいさつバージョンアップ大作戦 ……………………… 86

何か失敗したときに「ごめんなさい」と言う
3　上手なごめんなさい!! ……………………………………… 90

何かしてもらったときに「ありがとう」と言う
4　どうぞ！ありがとう!! ……………………………………… 94

必要な場面で必要な言葉をすぐに言う
5　めざせ！マナー名人!! ……………………………………… 98

相手に聞こえるような声で話す
6　ちょうどよい声 …………………………………………… 104

友達が話しているときはその話を最後まで聞く
7　上手な話の聞き方 ………………………………………… 108

みんなと同じくらいに話す
8　おはなし名人 ……………………………………………… 114

みんなで決めたルールを守る
9　やくそくの王さま ………………………………………… 120

係の仕事は最後までやりとげる
10　わたしのしごとは ………………………………………… 124

親しくない人とでも区別しないで班活動をする
11　集まったらまずあいさつ ………………………………… 128

> 友達との約束は守る

12 あそびのやくそくⅠ ～先生あのね～ ……………… 132

13 あそびのやくそくⅡ ～やくそくのやくそく～ ……… 138

> 友達が一生懸命やって失敗したときは許す

14 まきもどして，ドンマイ ………………………… 144

> 腹が立っても「カーッ」とした態度をとらない

15 しんこきゅうして，1・2・3！ ……………… 148

> うれしいときは笑顔やガッツポーズなどの身振りで気持ちを表す

16 気持ちのサインを送ろう！ ……………………… 152

> 友達が何かをうまくしたときには「上手だね」とほめる

17 ほめほめ大さくせん ……………………………… 158

> みんなのためになることは自分で見つけて実行する

18 ナイスフォロー …………………………………… 162

> 相手に迷惑がかからないように頼む
> 相手を傷つけない方法でできないことを断る

19 ていねいにやさしく ……………………………… 166

> 友達とけんかしたときに自分にも悪いところがないか考える

20 なかなおりカード ………………………………… 170

> 自分から友達を遊びに誘う

21 グループで遊ぼう ………………………………… 176

> リーダーシップをとってアイデアを出す
> 班や係のリーダーに積極的に協力する

22 リーダーごっこ …………………………………… 182

> 自分がしてもらいたいことを友達にしてあげる

23 ありがとうをかえそう …………………………… 188

COLUMN

学級生活で必要とされるソーシャルスキル（CSS）開発の経緯　　22
学級生活で必要とされるソーシャルスキル（CSS）の領域　　27
提出物と配布物　　78
CSS指導のアイデアと留意点　　181

共通資料

チャレンジカード　　192
ぱちぱちカード　　194
ありがとうカード　　195
動物村の登場人物（ペープサート）　　196

Q&A 学校生活のスキル指導のコツ　　198

CSSスキル一覧　　200

あとがき　　202

序章

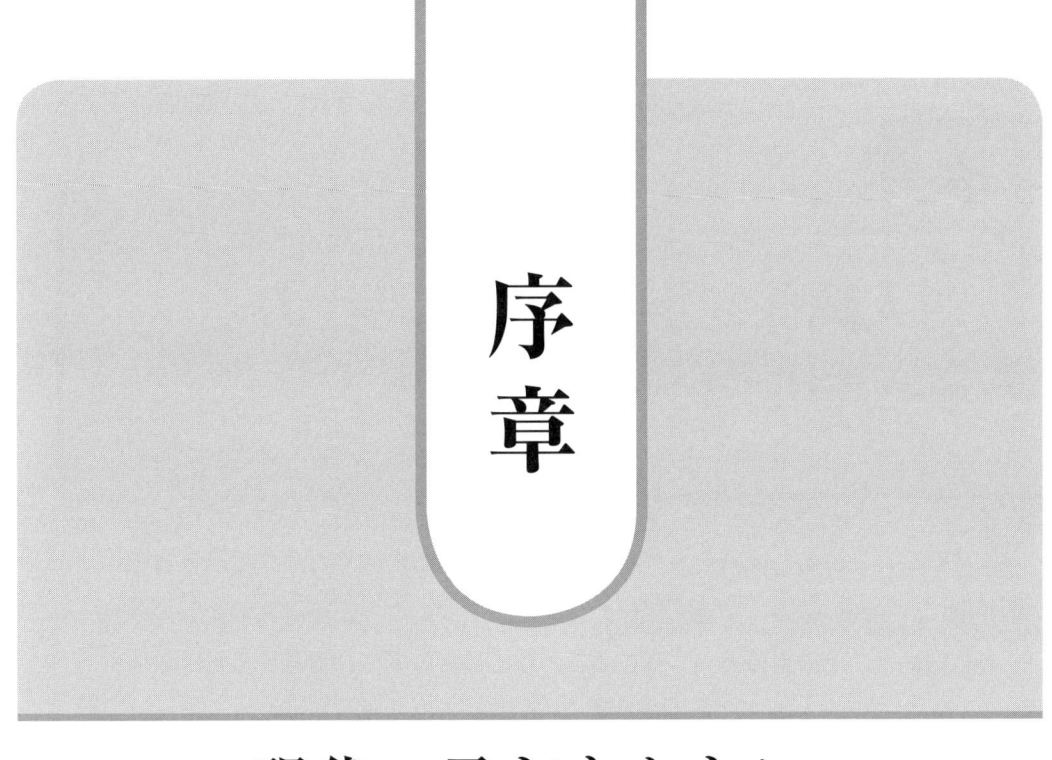

現代の子どもたちに必要な学校教育とは

序章−1

対人関係を学びにくい時代の子どもたち

　人間が心理社会的な成長をとげながら自己を確立していくためには，それぞれの年齢で，年齢に見合った対人関係の体験学習をすることが不可欠です。

　対人関係は，その人の心のよりどころとして情緒の安定に寄与するだけではありません。かかわりあうことを通して，「他者」と「自分」という視点が生まれ，さらに他者から自分に対するフィードバック（評価，励まし，叱責，肯定など）を得て，「自分」というイメージが形成されていくのです。

　したがって，自己を確立していくプロセスでは，いろいろなタイプの人とかかわりあい，自分のいろいろな面を体感することが必要になってくるのです。

　さらに青年期に入る時期からは，自分は何を大事にしたいのか，どのように生きていきたいのか，という実存的な問題を語り合えるような対人関係をもつことによって，「自分とはどんな人間か」というイメージが自己概念として形づくられていきます。つまり対人関係は，より広く，より深く，という二つの直交するベクトルのバランスをとりながら，適度な負荷の中で試行錯誤しながら体験学習されていくことが理想的といえるでしょう。

　社会とのかかわりの中で自分なりに輝ける個性をもつ人間は，このようなプロセスを通して，人とのかかわりの中で形成されていくのです。「人間は人の間で人になる」とは，まさにこのプロセスを指しているといえるでしょう。

■ 現代の子どもたちの対人関係の体験学習不足をどうするのか

　少子・核家族化の影響で，家庭教育で子どもたちが多くの人とかかわることはむずかしくなりました。地域社会も都市化が進み，自然発生的な対人関係の機微を学習する機会は急速に減少しています。地方でも大同小異ではないでしょうか。

こういう状況では，子どもたちが多く集う場面を意図的につくり出し，子どもたちに対して計画的な対人関係の体験学習を実施することが，強く求められてくると思います。

　近年は，塾や通信教育をはじめとする知識・技能の習得を目的とした教育機関はたくさんあります。しかし，対人関係の体験学習を，学校や学級集団のような小さな組織社会の中で，系統的に行う教育機関は，現在の日本では，学校以外にはとても少ないのが現状です。

　学校教育が担っている大きな使命として，集団生活を通して社会人を育成するという教育活動の意義を，私は今の時代ほど忘れてはならないと思います。

　家庭教育力や地域の社会教育力が低下したといわれる今の時代だからこそ，学校教育が子どもたちの心理社会的発達を担う比率が高まっているのです。

■ 学校教育は数少ない対人関係の体験学習の場である

　社会とは，ルールの中で，人々がかかわりあい，社会的役割を果たしあうことで成り立っていく世界です。

　そして学校や学級も，小さいながらも子どもたちにとっての社会です。子どもたちは学級集団での生活を通して，社会のルールと折り合いをつけながら，そして他の子どもたちのそれぞれの気持ちと折り合いをつけながら，自分の思いや欲求を満たしていく術を身につけていきます。このような体験こそが，将来社会人として生きていく力になるのだと思います。

　そして大事な点は，ある一定の長い時間と期間，ルールがある公的な集団で，いろいろなタイプの人たちと，役割交流と感情交流をともなった対人関係を持ちながら，生活・活動する体験をもてたかどうかということです。

　小学校や中学校で，楽しく充実した学校・学級集団体験ができなかったり，本音の感情交流ができる友人との継続的な交友がもてなかったり，集団生活の規律の中で自分らしく行動することができなかった場合，その時期に求められる心理社会的な発達を十分に達成することはむずかしいでしょう。そして，その影響は20歳以降にももち越されてしまう可能性があるのです。

序章−2

ニート・フリーターの若者の共通点から見えてくるもの

■ ニート・フリーターとは

　2005年現在，全国でニート（職に就いておらず，教育機関にも所属しておらず，就労に向けた具体的な動きもしていない15〜34歳の若者）と呼ばれる青年たちが約85万人，フリーター（期間限定，不定期，短期の，非正規雇用労働従事者）と呼ばれる青年たちが約400万人いることが報告されています。

　どちらの青年たちも，安定した職業についていない，社会に密接にコミットしていないという点では，社会に根付いた一人前の社会人として生活できておらず，高齢化が急速に進む日本で深刻な社会問題となっています。

　現代社会の構造や雇用問題が，この問題の背景に色濃く影響を与えていることは間違いのないことでしょう。しかし，こういう時代でも，自らやりたいことを見出し，意欲的に活動・生活している青年が多くいるのも事実です。この違いを考えることは，これからの教育を考えるうえで大事なことだと思います。

　ここでは，教育の視点からそこに注目したいと思います。

■ 不登校，学級崩壊，ニート・フリーターは，つながっている

　多くの大学生の相談活動に携わり，また，そういう青年たちの就職相談をしているジョブカフェのカウンセラーと研究会をともにする中で私が確信したことは，ニートやフリーター問題は，単に現代の若者の青年期特有の問題というだけでなく，その背景には青年期以前の解決できていない発達の問題がある，ということです。

次の流れをごらんになると，一目瞭然だと思います。

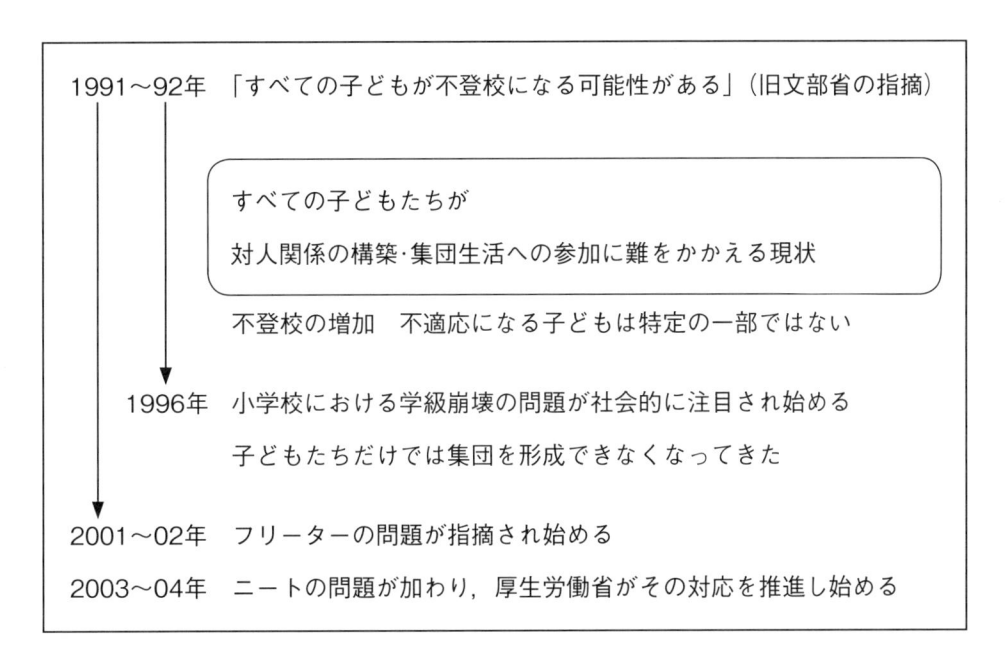

```
1991〜92年  「すべての子どもが不登校になる可能性がある」（旧文部省の指摘）

            ┌──────────────────────────────────┐
            │ すべての子どもたちが               │
            │ 対人関係の構築・集団生活への参加に難をかかえる現状 │
            └──────────────────────────────────┘

            不登校の増加  不適応になる子どもは特定の一部ではない

1996年      小学校における学級崩壊の問題が社会的に注目され始める

            子どもたちだけでは集団を形成できなくなってきた

2001〜02年  フリーターの問題が指摘され始める
2003〜04年  ニートの問題が加わり，厚生労働省がその対応を推進し始める
```

　対人関係の構築や集団生活への参加に難をかかえる現代の子どもたちに対して，今から約15年前に，いわゆる"ふつう"の子どもたちのだれもが不登校になる可能性があるという指摘がされました。

　それから5年後，今度は安定しているはずの児童期の小学校で，学級崩壊の問題が注目されました。子どもたちが教室に集ったとき，もはや学級は，みんなで仲良く活動する集団として成立しにくくなっていたのです。

　そしてさらに10年後，ニート・フリーターの若者の問題が注目され始めました。この若者たちは，すべての子どもが不登校になる可能性があると言われた子どもたちの，10年後の姿なのではないかと私は考えています。

　対人関係の体験学習が段階的に十分にできてこなかった子どもたちが，社会の中で自立して生活していく力が十分に身につかず（発達が不十分で），社会生活を送ることがむずかしくなっているのではないでしょうか。

　ニート・フリーターの問題は，特定の一部の人間だけの問題ではないのだと思います。家庭教育力や地域の社会教育力が低下した現代において，すべての子どもたちが遭遇している発達の問題が，この背景にあると思うのです。

序章－3

学級生活での体験を充実させることが重要である

　適切な時期に適切な体験をもてなかった子どもたちが，青年になってからそれを取り戻そうとすることは，並大抵のことではありません。

　対人関係の形成・維持が苦手になってきた現代の子どもたちに対しては，小学校や中学校の時期に，系統的に対人関係の体験学習をさせていくことが切に求められます。学校は子どもたちに知識・技能の習得をさせるだけでなく，心理社会的な発達を援助する側面を，より重視していかなければならないと思います。

　そして，学校教育の基本単位は学級集団での生活と活動ですから，教師はこのようなニーズに応じた学級経営を計画的に展開する必要があります。

　このときの大きなポイントは，次の3点だと思います。

①集団への適応だけでなく，より積極的に人とかかわる力をつける

　授業や活動が効率よく展開されるように，「素直に学級へ適応する力」の育成をめざすのではなく，子ども同士がかかわりあい，それが徐々に広がり，「自ら集団を形成するメンバーの一人として活動できる力」を育成することが必要です。

　学級経営を行う教師の意識としては，集団不適応にならないように子どもたち一人ひとりに支援を欠かさないという予防的な対応は，あくまで前提条件です。

　そこから一歩進めて，子どもたちが人とかかわる力，物事に取り組む力をより向上させるような開発的な対応を展開していくことが切に求められています。

②級友とのかかわりを通して，学びあいが生まれる展開をつくる

　自ら友人とかかわろうとしたり，集団活動に自主的にコミットしていこうとする姿勢は，教え込むことでは子どもたちの身につきません。教え込んだとしても，教師の見ている前で行うだけで，その教師がいなくなれば，そのような姿勢はす

ぐに消滅してしまいます。

　自ら友人とかかわる姿勢は，人とかかわる喜びを体験することで生まれます。集団活動に自主的にコミットしていく姿勢は，集団体験の楽しさを体験することが第一歩です。したがって教師は，子どもたちの喜びや楽しさにつながる取り組みを展開し，そこで必要とされる人とのかかわり方，行動の仕方を「こうすればもっと楽しくなるね」とアドバイスする形で教えていくことが求められるのです。

　喜びや楽しさにつながる体験がある程度積み重なると，子どもたちの間には，ほどほどに親しい関係が生まれてきます。すると，そのような状態の中で学びあいが生まれてきます。

　友人のいいところをまねしあう，自分の行動が認められる，困っている友人に自分のできることを教える，一人でやるよりも協力することでもっと大きな成果を得る体験をする，その結果，さらに喜びや楽しさが向上する。このような流れが，学びあいを促進していくのです。

③学級生活のすべてを通して対人関係の育成に取り組む

　心の教育と称して年間に10時間程度，対人関係の体験学習を授業で取り上げるだけでは，効果は意外と小さいものです。その時間が「面白かった」で終わってしまい，子どもたちの日常に定着することは少ないのです。

　学んだことが日常生活に溶け込んで，姿勢や行動として習慣化していくためには，授業は言うに及ばず，朝の会・帰りの会，給食や掃除の時間など，学級生活のすべての日常生活において，学級集団の状態に合わせて意識的に取り組んでいくことが大事です。係活動や清掃活動などの役割交流も，積極的に活用することが大事です。

　このようなさまざまな場面での行動が，教師や友人たちから承認されたり，ほめ言葉をもらったりすると，子どもの大きな喜びとなり，そのような姿勢や行動が強化されて，しっかりと定着していくのです。

　このように考えると，学級生活での体験学習を充実させるということは，従来の活動に，体験学習の要素を計画的に取り入れていくことだといえます。

■ ソーシャルスキルという考え方

　対人関係を営む知識と技術のことを，ソーシャルスキルといいます。

　ソーシャルスキルはもって生まれたものではなく，学習によって向上するものだと考えられています。

　自動車の運転技術に上手下手があるように，実は，人とのつき合い方にもうまい下手があります。悪い人ではないのにいつも怒ったような顔をしていて相手に悪い印象を与えてしまう人，悪気はないのに八方美人に振る舞ってしまって誤解されやすい人などがいます。もう少し工夫すれば，その人のよさが相手に伝わるのにと思われる人々です。このような人は，ソーシャルスキルが未熟な人ということができます。

　同様に，対人関係の苦手な現代の子どもたちも，ソーシャルスキルの学習不足であるということができるでしょう。

　このようにソーシャルスキルの視点でとらえると，対人関係の体験学習を通して子どもたちに何を身につけることが必要かを，体系的に整理することができそうです。また，ソーシャルスキルは，一つ一つが具体的な行動や態度で示されるため，体験学習で獲得した結果の指標とするのにも都合がいいのです。

　本書では，学校教育の一つ一つの取り組みにソーシャルスキルの考え方を取り入れ，計画的に実践を積み重ねることで，子どもたちの学級生活での体験学習を充実させ，ソーシャルスキルを育成していく方法について考えていきたいと思います。

第1章

いま子どもたちに育てたい
学級ソーシャルスキルとは

1章−1

ソーシャルスキルの概要

■ ソーシャルスキルとは

　建設的な対人関係や集団生活・活動の体験を通して，子どもたちは人とかかわる知識と技術，社会にコミットしていく知識と技術を身につけていきます。そしてそれは，新たな人とのつき合いや，社会環境に向かうときの大きな力となります。多くの人と仲良く交流し，自分らしく主体的に活動できている子どもは，このように人とかかわったり，社会へコミットしていくときの知識と技術が高いともいえます。

　心理学では，このような技術を総称して，ソーシャルスキル（social skills）といいます。

■ ソーシャルスキル・トレーニングの考え方

　序章でも述べたように，対人関係の体験学習が不足している現代の子どもたちに対しては，学校教育の中でソーシャルスキルを計画的に教育していくことが必要です。つまり，ソーシャルスキル・トレーニング（Social Skill Training：SST）を学校で行う時代になったのだと思います。

　学校教育でSSTを活用する際に押さえておきたい考え方は，次の3つです。

①**ソーシャルスキルは学習によって獲得される**

　対人関係がうまくいかないのは，その人のもって生まれた気質によるものではなく，ソーシャルスキルという技術が未熟なのだから，その技術を学習すれば対人関係は向上すると考えます。もって生まれた気質に対人関係がうまくいかない原因を帰属させてしまっては，何も変わりません。SSTは問題解決志向，教育

志向です。

②ソーシャルスキルは特定しうる言語的および非言語的行動から成り立っている

　友人ができないのは優しさ・思いやりが足りないから，それに気をつけなさいと言われても，言われた本人はどうしてよいかわかりません。「朝，友人に最初に学校で出会ったら，自分から『おはよう』って言うようにしてごらん」とアドバイスされたら，明日からやってみようという気になります。SSTでは，学習する内容が明確になっています。

③SSTは働きかけと応答，相互性とタイミングが効果的であることを必要とする

　SSTでは，対人関係についての知識を理解させるだけでは不十分だと考えます。対人関係の中での演習，つまり体験学習が重要なのです。その意味で，学級は対人関係の体験学習を行う絶好の場だともいえます。日々の学級生活の中で繰り返し練習することや，取り組んだことが周りの友人から承認されることで，ソーシャルスキルは着実に身についてくるのです。

■ 学校教育でどう行うか

　現代の子どもたちには，所属する集団に適応するためのスキルから，集団を自主的に形成・維持することにコミットできるスキルにいたるまで，学校教育を通して計画的に取り組ませたいものです。

　小中学校の義務教育段階では，「家庭」という身内だけの私的な生活空間から出て，多くの他人と一緒に生活することを通して，一定の社会性を身につけることが求められます。それゆえ，一緒に活動するうえでの対人関係のマナーや私的な欲求のコントロールなど，公共的な場所での対人関係や集団生活・活動の仕方についての知識と技術の基本を，確実に学習させることが求められるでしょう。

　もちろんその中には，友人との話し方，話の聞き方などという，基本的な二者関係のソーシャルスキルが含まれることは言うまでもありません。ただ，対人恐怖の患者さんに心理療法の一環として相談室で行われるSSTのプログラムを，そのまま（その一部を）学校に持ち込めばいいというものではありません。学校教育で行うためのプログラム開発が必要になります。

　学校で行う場合には，学校教育という大きな目標の中で，学級経営や生徒指導

の一環として展開されることが大切です。授業の中に数時間だけトピック的にSSTを取り入れるのではなく，学級経営や生徒指導の中にSSTを効果的に溶かし込んで，日々，体験学習させていく流れが必要でしょう。SSTを活かすことで，学級経営や生徒指導が充実してくることが必要なのです。

　それは，SSTという特別なことを新たに取り入れるという発想ではなく，教師たちが従来行ってきた学級経営，生徒指導をSSTの視点で再整理して，学校教育の流れの中で無理なく展開する，ということなのです。

　不登校の問題が声高に叫ばれていた時期に，カウンセリングを活かした生徒指導，という考え方が注目されましたが，言うなれば，SSTを活かした学級経営，生徒指導というイメージです。

■ 子どもたちに身につけさせたいソーシャルスキルとは

　私はここ10年間，学級集団の状態と子どもたちが学校生活で活用しているソーシャルスキルについて研究してきました。この研究は文部科学省の科学研究費補助金〔基盤研究（C）（2）11610098〕の助成を受けながら行ったものです。

　研究内容の中心は，次の2点です。
◇親和的で建設的にまとまった学級集団において，子どもたちが活用しているソーシャルスキルの内容
◇満足度が高く意欲的に学校・学級生活を送っている子どもたちが活用しているソーシャルスキルの内容

　その結果，次のことが明らかになりました。
①親和的で建設的にまとまった学級で子どもたちが活用しているソーシャルスキルは，満足度が高く意欲的に学校・学級生活を送っている子どもたちが活用しているソーシャルスキルとほぼ一致している。
②荒れが見られる学級では，子どもたちが活用している共通のソーシャルスキルが少ない。そういう学級では，子どもたちが活用しているソーシャルスキルはグループごとにバラバラである。

③荒れが見られる学級では，満足度が高く意欲的に学校・学級生活を送っている子どもたちが活用しているソーシャルスキルを知っている子どもでも，活用していない。その結果，学級内の子どもたちの対人関係がギスギスしてしまって，学級の荒れにつながっていることが考えられる。

このなかで，「ソーシャルスキルを効果的に活用している子どもたちは，友人との交流も活発で学級生活の満足度が高くなる」「子どもたちがソーシャルスキルを積極的に活用している学級では，学級が親和的で建設的にまとまっていく」という事実に私は注目しました。

そして①のソーシャルスキルを整理し，これらを「**学級生活で必要とされるソーシャルスキル（Classroom Social Skills：CSS）**」と名づけました。これは，親和的で建設的にまとまった学級で子どもたちが活用しているソーシャルスキルの最大公約数です。本書では，CSSの具体的な活用の仕方を提案したいと思います。

なお，本書は拙著『グループ体験によるタイプ別学級育成プログラム』（図書文化）の基礎編にあたるものです。前掲書では，荒れてきた学級を立て直すために，ソーシャルスキル（CSS）を構成的グループエンカウンターの流れで学習させる方法を解説しました。本書では，学級開きの段階から，子どもたちにCSSを計画的に学習させ，学級集団を育成していくやり方を解説していきます。

また，2007年に発行した心理検査hyper-QU（よりよい学校生活と友達づくりのためのアンケート，P42参照）では，従来のQ-Uに加えて，子どもたちがCSSをどの程度身につけているかを調べることができます。hyper-QUの結果をもとに，学級で不足していると思うスキルを計画的に指導していくこともできます。

コラム①

「学級生活で必要とされるソーシャルスキル（CSS）」開発の経緯

　「学級生活で必要とされるソーシャルスキル（CSS）」は，子どもたちが学級でより満足感が高く生活できること，学級集団が子どもたちの親和的なかかわりの中で建設的にまとまり機能すること，その両方を同時に満たすために，子どもたちに身につけさせたいソーシャルスキルを抽出することを目的に開発しました。開発の手続きは，次のとおりです。

1．第1次──ソーシャルスキルの幅広い抽出　1999年10月～11月

①調査協力をいただいた小学校，中学校各30学級の先生方に協力をいただき，学級の子どもたちに「学級集団分析尺度Q-U」を実施してもらいました。そして，学級内の満足群の子どもたち，不満足群の子どもたちを特定してもらい，一人ひとりの子どもについて1か月間，【友人とのかかわり方】【集団活動への参加の様子】を自由記述方式で記録してもらいました。

②すでに「学級集団分析尺度Q-U」を実施し，私の研究室にデータを提供してくださった200人の先生方の学級の中から，学級集団の状態が親和的で建設的にまとまった学級集団と判断される小学校38学級，中学校24学級の先生方に，学級内の子どもたちに定着している，【友人とのかかわり方】【集団活動への参加の仕方】に関するソーシャルスキルを自由記述方式で1か月間記録してもらいました。

③小中学校の子どもたちにトレーニングされ効果が確認されているソーシャルスキルを，1980年以降の学会論文，専門書から抽出しました。

　①②③の手続きを経て抽出されたソーシャルスキルを，KJ法で似たものをまとめ，小学校320，中学校380のソーシャルスキルに整理しました。

2．第２次──ソーシャルスキルの絞り込み・確定　2000年11月～12月

①小学校30学級，中学校30学級の子どもたちに，１の手続きを経て抽出したソーシャルスキルについて，学校生活で，4）いつもしている，3）ときどきしている，2）あまりしていない，1）ほとんどしていない，の４件法で回答してもらいました。そしてそのデータに対して，心理統計法を用いて分析を行いました。そして小学校38，中学校43のソーシャルスキルに絞り込みました。

②小学校240学級，中学校360学級の子どもたちに，上記のソーシャルスキルについて，Q-U，スクールモラール，ストレス，不安に関する尺度とともに回答してもらい，心理統計法を用いて分析を行いました。その結果，Q-U，スクールモラール，ストレス，不安にも有意に関連が認められる小学校30，中学校28のソーシャルスキル（CSS）が特定されました。

③CSSの尺度としての信頼性を確認するために，再検査信頼性の検討として，小学校24学級，中学校36学級の子どもたちに，上記のソーシャルスキルについて，１か月後に再度回答を求め，回答にブレが極めて少ないことを確認しました。

④CSSの臨床的妥当性を検討するために，上記の学級の先生方に，CSSの結果と子どもたちの実際の様子の関係について，聞き取り調査を行いました。その結果，CSSの得点に相応した実態が確認され，CSSの得点がバランスよく高い子どもは，学級生活，学習・学級活動に意欲的に取り組み，友人も多いことが明らかになりました。

3．第３次──CSSの標準化作業　2001～4年の各11月～12月

小学生約20,000人，中学生約23,000人に対して，CSSを実施し，全国平均値，標準偏差を得，CSSが信頼性と妥当性が確認された標準化された心理検査として認定されました。

「学級生活で必要とされるソーシャルスキル（CSS）」開発は，のべ小学生約1,000学級・30,230人，中学生約1,300学級・39,208人と，その担任の先生方のご協力と，文部科学省の科学研究費補助金と応用教育研究所の助成を受けて完成しました。

1章−2

学級生活で必要とされるソーシャルスキル（CSS）の内容

■ CSS の学習目標

　子どもたちは学級におけるルールに従って，集団生活・活動を送っていきます。そのルールには，少なくとも次の３つの種類があります。そして本書では，③の学習に CSS を取り入れていこうということを提案しています。

　なお，ここでいうルールとは，子どもを管理するための規則ではなく，子どもたちが自分らしく活動するための行動の基準という意味です。

---

①集団内で日常生活を送っていくうえでのルール
　　机・ロッカーの使い方，共用の器具の使い方，学校の施設の使い方など。
②集団内でみんなで活動するうえでのルール
　　チャイムに従って時間割に沿って活動する，係活動の役割を守って活動する，授業を受ける際の取り決めを守って活動するなど。
③集団内で級友とかかわるうえでのルール　　　　　　　　　　　　）CSS
　　話す・聞くなど，コミュニケーションをとる際のスキル。

---

　③の学習には，①と②の学習が伴っていなければ意味がないことは，説明するまでもないでしょう。人当たりはいいけれども係の責任を果たせないとか，共用施設を自分勝手に雑に使用するというのでは，社会で生きる力が身についているとはいえません。

　CSS を指導するための具体的な展開は第４章に解説しますが，そこには①②の指導が前提として含まれることに留意してください。

■ 低学年におけるCSSの指導

　集団生活・活動の体験の少ない低学年では，人とかかわる体験そのものに十分に慣れさせることが大切です。対人関係の基本となる行動を無理なく身につけ，人とかかわることが楽しいという体験ができることが何よりも必要です。

　巻末のスキル一覧（P200，201）に，学年ごとのスキルと展開の指針を提示します。ただし，これはあくまで標準的な目安です。子どもたちの実態，学級集団の状態に応じて，弾力的に運用してほしいと思います。

　ところで，本書でも約25のスキルを取り上げていますが，あれもこれもとたくさんのスキルを身につけさせようとするのではなく，子どもが自分の個性に応じて多様な行動のバリエーションを展開できるように，基礎となるソーシャルスキルを確実に身につけることが大事です。

■「配慮のスキル」と「かかわりのスキル」

　「学級生活で必要とされるソーシャルスキル（Classroom Social Skills：CSS）」は，大きく分けると2つの領域のスキルから成り立っています。「配慮のスキル」と「かかわりのスキル」です。

　親和的で建設的にまとまった学級では，多くの子どもたちが2つの領域のスキルを，高い段階でバランスよく活用していることがわかっています。

　また，まとまりがほどほどの学級でも，学校・学級生活を満足度が高く意欲的に送っている子どもたちは，やはり，2つの領域のスキルを高い段階で，バランスよく活用しているのです。

　いっぽう対人関係がうまく築けない子ども，荒れた雰囲気や暗い雰囲気のある学級では，「配慮のスキル」と「かかわりのスキル」の活用レベルが低いか，バランスが悪くなっています。

「配慮のスキル」

　「何か失敗したときに，ごめんなさいという」「友達が話しているときは，その話を最後まで聞く」など，対人関係における相手への気づかい，対人関係にお

ける最低限のマナーやルール，トラブルが起きたときにセルフコントロールしたり自省したりする姿勢，などの知識やさりげない気づかいの行動が含まれたソーシャルスキルです。

　最初は意識して学習することが求められますが，高学年になったら，習慣的にできるようになっていることが理想です。つまり，中・高学年段階では「配慮のスキル」になっているスキルも，低学年段階では，次の「かかわりのスキル」として学習させるものもあります。

「かかわりのスキル」

　「みんなと同じくらいに話す」「自分から友達を遊びに誘う」など，人とかかわるきっかけづくり，対人関係の維持，感情交流の形成，集団活動に主体的にかかわる姿勢，など能動的な行動が含まれたソーシャルスキルです。

　この「配慮のスキル」と「かかわりのスキル」には，実は階層があります。

　ソーシャルスキルは，社会の中で人とかかわる知識と技術です。人とかかわるには他者の感情を理解するうえでの基本的な知識がまず必要です。「配慮のスキル」は，そういう知識面を中心にしています。

　しかし，ただ知識があるだけでは不十分なことも多いのです。例えば，人とぶつかってしまったら，どちらが悪いのかを考える前に，とっさに「ごめん」「すみません」とお互いに一言でれば，対人関係はスムースにいくものです。配慮のスキルには，知識面のほかに，それに付随した習慣化してほしい言葉がけや態度も含まれています。

　このような配慮のスキルが前提となって，「かかわりのスキル」を発揮することが意味をもつようになります。なぜなら，配慮のスキルがないのに，積極的に人とかかわったりリーダーシップを発揮したりすると，対人関係を悪化させたり，集団から孤立する危険があるからです。

　2つの領域のスキルを組み合わせて体験学習をさせていくと，バランスよく学級が向上すると思います。4章の各指導例の「留意点」を参考に，関連したスキルを組み合わせて指導していくことが有効です。

コラム②
学級生活で必要とされるソーシャルスキル（CSS）の領域

　CSS の項目（P200，201，スキル一覧参照）は，下記のような領域に分けることができます。

小学生の CSS のカテゴリー

＜配慮のスキル＞	＜かかわりのスキル＞
□基本的なあいさつ	■基本的な話す態度
□基本的な聞く態度	
□会話への配慮	
◇集団生活のマナーの遵守	◆集団への能動的な参加
◇許容的態度	
◇さりげないストローク	
○対人関係のマナーの遵守	●感情表出
○反省的態度	●自己主張
	▲対人関係形成行動
△能動的な援助	▲リーダーシップの発揮

　本書で扱う CSS は，他の研究者が行っている子ども向けのソーシャルスキル・トレーニングの内容と比較すると，中程度のスキルが中心になっているといえます。つまり，本書で取り上げた一つ一つのソーシャルスキルの背景には，それを支える基本スキルや，発展・応用の類似のソーシャルスキルが存在しています。

　したがって，CSS の特定のソーシャルスキルを子どもたちに学習させようとするとき，そのスキルは象徴的な目標として扱うのがよいと思います。そして，学級の生活場面や活動場面を生かして，トータルな活動を通して体験学習させてほしいと思います。

　とくに，配慮のスキルとかかわりのスキルは相補的な関係にありますから，両者をバランスよく取り上げて学習させることはポイントになります。本書では，標準的なバランスの学級を想定して指導展開を提案しています。

1章-3

学級でソーシャルスキルを どのように学習させるのか

■ 学級生活全体のすべての場面で

　子どもたち個人の心理社会的発達の促進を支えるソーシャルスキルの学習は，学級集団の育成とともに，表裏一体で展開されていくものです。したがって，「学級生活で必要とされるソーシャルスキル（CSS）」の取り組みは，学級生活のすべての場面で有機的に行われていくことが有効だと考えます。

　学級集団を段階的に育成するうえで，目安になる時期があります（P200，201参照）。その各時期に目標となるソーシャルスキルを設定して，授業の中で，学級活動・朝・帰りの会の中で，係活動の中で，掃除・給食の時間の中で，そのソーシャルスキルが定着するように，意識して学習する場面を盛り込んでいくのです。

　つまり，その時間をソーシャルスキル・トレーニング（SST）に振り替えるのではなく，本来の活動の一部の時間にSSTをうまく取り入れるのです。

■ ソーシャルスキル・トレーニング（SST）の基本的な展開

　ソーシャルスキル・トレーニングは，基本的に次の一連のプロセスで展開していきます。学級でSSTを展開するケースに当てはめて説明していきます。

①**教示**

　学習すべきスキルを特定したうえで，スキルとそれを訓練する意義を理解させます。学級経営や生徒指導と対応させることによって，効果は一石二鳥になります。くれぐれも強制ではなく，子どもたちが納得できるように説明します。

②モデリング

　よいモデルや悪いモデルを見せて，スキルの意味や具体的な展開の仕方を理解させます。学級にはよいモデルになる子どもたちがたくさんいます。そういう子どもたちの行動を意識させ，真似させることが，とても有効な学習になるのです。

③ロールプレイ（リハーサル）

　相談室で行われるSSTでは，特定のスキルについて，仮想場面を設定して，言い方や態度を練習するのが一般的です。それに対して学級でのSSTでは，授業や学級活動の中でライブで練習することができるのが，とても大きな利点です。

　このとき大事なのが，スキルを試してみたときに，楽しく活動できたかどうかということです。人とのかかわりや集団活動の楽しさ，喜びが感じられないようでは，「次は言われなくても自分からやってみよう」という気持ちになりません。授業や学級活動でも，子どもたちの興味を高め，楽しく充実して取り組むことができるようにすることが，教師の取り組みの第一歩でしょう。それがなくては本末転倒になってしまいます。

　また，学級活動は毎日行われるので，スキルは繰り返し練習することになります。ソーシャルスキルは繰り返し練習して，意識しなくても自然とできるようになるのがベストですから，これは大きな利点といえるでしょう。

④強化

　強化とは，練習中に適切な行動ができた場合などに，ほめたり，微笑んだり，注目したりして，子どもがその行動をとる意欲を高めることです。プラスの評価をもらうと，人間はその行動を継続するものです。大事な点は，何でもほめればよいということではなく，具体的なスキルについて，どのようによかったのかがわかるようにほめることです。

　このとき，学級でSSTを行う利点は，ほめられたり認められたりしたらうれしい相手としての教師や友人たちが周りにたくさんいるということです。認め合いが積極的に行われている学級では，SSTの効果はとても高まります。

■ 学級ならではの実施のメリット

　上記はSSTを展開するときの基本的な流れですが，まとまった時間をとって①〜④を常に1セットでやる必要はありません。

　実際に学級で行う場合は，チャレンジ期間を設けるなどして，ある学期の一定の期間に，特定のソーシャルスキルを繰り返し練習することが多いと思います。そのような場合，例えば朝の会などで軽く①②にふれておき，授業中などに③に取り組み，④を帰りの会で5分くらいやるという形でいいのです。④も，教師がほめるだけでなく，通常の子どもたちの認め合い活動の延長線上で行うことができるでしょう。

　このように，学級生活全体で集中的に実施することによって，ソーシャルスキルは日常生活に自然と定着するようになります。形だけ数回実施するだけでは，すぐに消えてしまうのです。

　また，学級で行う場合ならではの次のような効果もあります。

　学級の全員の子どもたちが同じSSTを学んでいるので，他人の行動を評価する基準が共有され，互いの誤解が減り，対人関係のトラブルがとても少なくなってきます。さらに，評価の基準が共有されているので，努力する方向が定まり，「こんなことをしたら変かな」などという不安をもつことも少なくなります。

　同時に，ソーシャルスキルをうまく発揮できない子どもに対しても，周囲がその行動の意図を察することができるようになるので，「ああ，この子は努力しているのだな」と感じることができ，学級の子どもたち全体の受容感が高まってきます。それが学級内の親和的な雰囲気を形成する土台にもなるのです。

■ 積み重ねができる学校ならではの実施のメリット

　また，SSTを子どもたちに学習させていくときに大切なのは，低学年から高学年までのスキルを，系統立てて指導していくことです。

　子どもたちは毎年，新たな教師，新たな子どもたちと学級に集い，集団を形成しながら日常の学校生活や活動を体験していきます。この流れは，毎年同じことが繰り返されているように思われますが，さまざまな人との出会いとかかわりが

螺旋のように繰り返されることで，子どもたちはソーシャルスキルのバリエーションを増やし，多様な発揮の仕方を身につけていくのです。これが，社会で生きていく力を磨くのです。

したがって，各学級での1年間の流れだけでなく，小学校6年間の見通しをもって取り組ませていくことが大事です。巻末のスキル一覧（P200, 201）には，中学年と高学年の展開と指針を示しました。

このような6年間の見通しについて，各学校の生活指導全体会などで取り上げ，教師間で共通理解をしていくことも大切でしょう。

このような積み重ねがあれば，子どもたちは中学校へ入ってからも，友達や教師とぶつかり合い，支え合いながら，揺れる思春期を乗り越えていくのです。

1章-4 ソーシャルスキルの体験学習の展開の骨子

　学級生活で必要とされるソーシャルスキル（CSS）の取り組みは，学級生活全体のすべての場面で，有機的に少しずつ繰り返し展開することが，子どもたちに定着するうえで有効だと述べました。
　本節では，各領域ごとに，その展開の骨子を以下に整理します。

■ 1　学級のルールとリレーションの確立とSST

　学級経営とは，学級集団を単位として行う活動・生活全体を，教育効果が高まるように計画・実施・評価していく教師の取り組みのことです。「集団づくり」や，「子ども同士の相互作用を積極的に活用した取り組み」は，このような学級経営の取り組みの中で行われるものです。SSTは，学級にルールの確立をする方法として取り入れることができます。
　学級を教育力のある集団に育てるためには，早い段階で，学級内にルールを定着させることが必要になります。人とかかわるルール・共に生活するルール・一緒に活動する際のルールと，親和的な人間関係（リレーション）は，同時に取り組んで確立させていくことが必要なのですが，はじめにルールがなければ，子どもたちは安心して友人とかかわることができず，集団活動に参加してもいやな気持ちになってしまうからです。
　しかし，ルールを確立するといっても，集団生活をするための規則を上から示して守らせるというのではありません。みんなが楽しく生活するためのルールや行動の仕方があることを説明し，そのやり方をモデルを示して理解させ，そして短時間でも実際に練習をさせ，よかった点をしっかりほめるという一連の流れの中で，子どもたちの中にルールが内在化されるように導いていくのです。

SSTの取り組みが楽しいものであり，この流れがうまく展開されると，子どもたちは自然にルールに沿った行動をするようになっていきます。こうして学級内にルールが定着してくると，子ども同士が安心して交流できるようになり，その中でリレーションも形成されていきます。また，学級内にリレーションがあると，この状態を守りたいと子どもたちは考え，自らルールを守ろうとします。

　つまり，ルールとリレーションの確立は表裏一体のものであり，並行して確立していくものなのです。

■2　学級集団の育成とSST

　教室に集っても，自ら集団をつくれない子どもたちが多くなりました。このような状況での学級経営は，子ども同士を少人数でかかわらせるところから始め，その輪を学級全体に徐々に広げていくというスモールステップの取り組みが必要です。

　理想的な学級集団の形成過程は，次ページの表のような展開になります。1年間の展望としては，1学期にⅠ期～Ⅱ期，2学期にⅢ期，3学期にⅣ期という流れが，無理がないと思います。

　子どもたちに必要とされるソーシャルスキルは，各段階（時期）で異なります。教師は現在の学級集団の実態を押さえ，どの段階にいるかの見当をつけたら，その段階で目標とするソーシャルスキルを特定し，明確な目的意識をもってSSTを行うことが大切です。ポイントは，いきなり上の段階へ行くのではなく，各段階を確実にこなして次の段階に進めていくということです。

　このような取り組みを通して，子どもたちは各段階の行動ができるようになり，集団を形成していけるようになるのです。

　担任のもつ学級経営の方針は，学級における生活や活動のすべての取り組みの前提となるものです。生徒指導における対応も，学級経営方針と表裏一体に進めていくことが必要です。さらに，授業や学級活動などの展開も，この方針の中で計画され，実践されることが求められます。

理想的な集団形成のプロセス

時期の目安	集団形成の段階	イメージ
スタート	見知らぬ集団に放り込まれて緊張，混沌とした状態	子ども一人一人と先生の信頼関係をつくる
1学期	**I期** 「混沌・緊張」〜「2人組で活動できる段階」 子ども同士に交流が少なく，一人一人がバラバラの状態。集団への所属意識が低く，学級のルールもほとんど定着していない。	2〜3人でつながる
	II期 「4人組の小集団で活動できる段階」 学級のルールは定着し始めているが，いくつかの小グループができている。グループの内だけで固まって，独自の行動をしがちな状態。	4〜6人の小集団
2学期	**III期** 「8〜10人の中集団で活動できる段階」 学級のルールはかなり定着していて，いくつかの小グループが連携できる状態。それらのグループが中心となって，学級の半数の子どもたちが一緒に行動できる。	10人程度の中集団
3学期	**IV期** 「中集団」〜「集団全体で活動できる段階」 学級のルールが子どもたちに内在化された状態。子どもたちに学級集団の一員としての自覚があり，自分たちで工夫して，全員で一緒に行動できる。	中集団がつながり全体がまとまる

■3　指導と援助とSST

　生徒指導における教師の対応に「指導」と「援助」があります。
　「指導」とは，子どもたちの目標達成や，学習・発達課題の習得，社会性の獲得を目指して，教師から能動的になされる対応です。「援助」とは，子どもたちの情緒の安定，人間関係の調整や形成，学級集団の自治を親和的になるようにと，サポートする対応です。
　教師は子どもたちの実態，学級集団の状態に応じて，指導と援助をバランスよく適切に行うことが求められます。指導と援助のバランスをどのくらいうまくとることができ，強弱を使い分けられるかが，その教師の指導力を左右するといっても過言ではありません。しかし，実際には教師のタイプによってどちらかのバランスに偏ってしまうことが多いようです。
　指導的な行動に偏りがちな場合，ソーシャルスキルの未熟さが背景にあり，対人関係がうまくとれない現代の子どもたちに対して，その行動の結果だけをとらえて「よい」「悪い」と評価しても行動は変わりません。
　一方，援助的な行動に偏りがちな場合，「うまくいかなくてイライラしている」というような子どもの感情面を教師があたたかく受けとめたとしても，それだけでは子どもは同じような行動を繰り返してしまいます。
　これからの生徒指導では，次の建設的な行動につながるように，子どもにソーシャルスキルをきちんと教え，ルールに沿って行動できるように教育することが，必要になるのです。
　つまり，指導や援助の具体的場面に，前述したSSTの展開，①教示，②モデリング，③ロールプレイ，④強化，の流れを取り入れることが有効なのです。
　例えば，掃除をしっかりやりなさいと「指示」する場面では，次のような展開が考えられます。

　①**教示**：取り組む意味と方法をていねいに説明する
　②**モデリング**：むずかしい点について教師などが実際にやって見せる
　③**ロールプレイ**：子どもたちに実際にやらせてみる
　④**強化**：「なかなかよくできているよ」とほめる，そして「あと10分集中して
　　　やってみよう」と促す

子ども同士のトラブルを「注意」する場合にも，ただ叱責するだけでは意味がないのは，言うまでもありません。まず，両者の言い分を十分に聞いて，それぞれの思いを整理し，確認します。そのうえで，次のような展開が考えられます。

①**教示**：今後，同じような展開になったとき，どうすればトラブルにならないかを説明する

②**モデリング**：トラブルにならない言い方を教師が実際にやって見せる

③**ロールプレイ**：子どもたちに実際にやらせてみる

④**強化**：感想を聞いて，できていることをほめる

■4　個別対応と集団対応とSST

　生徒指導では，指導と援助のバランスのほかにも，子どもたち個々への「個別対応」と，子どもたちを集団として組織し活動させていくための「集団対応」とのバランスをとることが大切です。

　子どもと教師の関係性，さらに，子ども同士の関係の深まり具合によって，教師が行うことの必要な集団対応と個別対応のバランスは変わってきます。したがって，教師はこの関係性の把握が大事になってきます。

　この個別対応と集団対応の具体的な場面に，前述のSSTの展開を取り入れるのです。

個別対応

　教師が教育活動の中で行う個別対応の骨子は次の3つです。

・その子どもが孤立したり，学級不適応にならないように，教師との二者関係の中で心情面を支える

・その子どもが他の子どもたちとかかわれるように仲立ちをしたり，席順や班づくりなどの環境を整えたり，他の子どもとかかわれるようになるための場を授業や学級活動に盛り込んだりする

・その子どもが，実際に他の子どもたちとかかわれるようになるために，行動の仕方を身につけさせる

以上を見てもわかるとおり，一人一人の子どもへの個別対応では，SSTの手法が不可欠だといえます。

　さらに，学級集団が成熟してきた段階では，学級内で一人一人の子どもがより自分らしく主体的に活動できるように支援する比重が増えてきます。その場合も，一人一人の子どもに見合ったSSTを行うことが大事になってきます。

集団対応

　集団対応は，子どもたちを一括して効率的に管理するための対応ではないのです。教師の指示に一斉に素直に従わせるためのしつけでもありません。

　これからの集団対応では，人とかかわったり集団に参加して活動したりするためのルールやスキルを教え，それを一定の枠の中で実際に体験させ，うまくいったという成就感を獲得させ，その結果，自主的に行動できるように育てることが求められます。集団対応とは，この一連の取り組み全体のことであり，まさにSSTにほかなりません。

1章-5

SSTはすべての学級生活・活動の場面で展開する

　学級生活で必要とされるソーシャルスキル（CSS）の取り組みは，学級生活全体のすべての場面で，有機的に少しずつ繰り返し展開することが，子どもたちに定着するうえで有効だと述べました。

　学級経営や生徒指導は，ある特定の時間に行われるものではなく，学校の教育活動のすべての場面で具体的に展開されることで，初めて結実してくるものです。どんなにいい総論があっても各論が貧弱ならば，その取り組みの効果は少ないものです。

　ここでは，学校生活の一つ一つの場面で，SSTをどう取り上げていくのかを見ていきましょう。具体的な場面とは，①授業，②学級活動（朝の会，帰りの会も含む），③係・委員会活動（日直も含む），④掃除・給食です。

① 授業

　授業で行うからといって，本来の授業の内容を脇において，SSTに取り組もうというのではありません。

　学校教育に対人関係や集団生活・活動の体験学習を積極的に取り入れようと考えたとき，授業の展開は，教師の一方向的な知識や技術の注入を主とする一斉指導から，子ども同士のディスカッション，グループを活用した体験型学習，協同学習の比重が多くなると思います。つまり，子ども同士のかかわり合いがとても増えてくると思います。そのかかわり合いの展開にSSTを取り入れるのです。

　それによって，子ども同士の関係がより親和的に建設的になってきます。その結果，子どもの学習意欲がより喚起され，周りから認められることでさらに意欲が維持されていきます。このようにして，子ども同士のかかわり合いは，学び合

いになっていきます。

　学び合いは，対人関係のかかわり方にとどまらず，学習への取り組み方にも広がっていきます。そうして，みんなが主体的に取り組む雰囲気の中で，確実に学習が定着していくのです。それを支えるのが，認め合い（SSTの展開における④強化）なのは言うまでもありません。

2　学級活動（朝の会，帰りの会も含む）

　朝の会や帰りの会などのショートホームルームや，週1回のロングホームルームは，学級集団育成の中心場面です。毎日の始まりと終わりに行う朝の会や帰りの会は，1日の流れの中で関連づけて，構成された展開の中で，テンポよく行うことを心がけたいものです。

　SSTの展開としては，朝の会で①教示，②モデリングを行います。子どもたちには，それを意識しながら一日の学級生活・活動を送ってもらいます。つまり，学校生活そのものが，③ロールプレイに相当するわけです。そして，最後に帰りの会で，④強化としての確認と認め合い活動を実施します。

　ショートホームルームは短い時間ですが，毎日繰り返し行われるので，子どもたちのソーシャルスキルを確実に定着させる機会となります。また，学級で同じ行動に取り組むことが，子どもたちの所属感を高めていきます。

　さらに，SSTが定着してくると，ショートホームルームの運営自体を子どもたちに安心して任せられるようになります。すると，自治の力も向上し，学級の集団形成にとても有効です。

　いっぽう週1回のロングホームルームは，問題解決の集団討議のスキルを身につける絶好の機会です。意見の言い方・聞き方・話し合いへの参加の仕方などのソーシャルスキルを事前に確認してから実施すると，議論の流れもスムーズになり，ソーシャルスキルも洗練されてきます。小学校4年生以上ならば，意見の出し方（ブレーンストーミングなど），意見のまとめ方（KJ法など），議事の決定の仕方（ランキングなど）のやり方も，取り入れることができると思います。

　また，1年の節目の時期には，ロングホームルームを，今まで取り組んできたソーシャルスキルについて振り返り，全員で確認する場にするのもいいでしょう。

さらに余裕がある場合には，ロングホームルームを，新たなソーシャルスキル（段階的に必要性があるもの）をトレーニングする場に活用することもできると思います。その場合には，必ず次の日から活用できるようなスキルと展開を選ぶことが求められます。その時間だけ，面白かった，ためになったで終わってしまってはもったいないのです。

③ 係活動・委員会活動（日直も含む）

　係活動や委員会活動は，一人一人の役割と取り組む内容を明確にし，確実に取り組ませたうえで，定期的にその成果を確認することが求められます。このときの教師の対応として，SSTを取り入れると有効です。

　集団の中で役割をもって活動することは，集団への所属感と役割意識を高めます。ただし，それは取り組んだ子どもが「自分の仕事が学級のみんなの役に立っている」と感じられることが前提です。

　したがって，係活動や委員会活動では，周囲の人々からその取り組みを適切に評価され，認められていることが重要になるのです。SSTで言えば，認め合い活動（④強化）がより大切になります。

　さらに，係活動や委員会活動では，役割交流の中に感情交流を盛り込む工夫をするといいでしょう。事前に，係にお世話になったと感じたら「ありがとう」とお礼を言うことを説明（①教示）しておきます。次に，すでにできている子どもの行動を取り上げて手本（②モデリング）にします。

　一人一人は係の仕事をやったにすぎないかもしれませんが，そのとき相手から「ありがとう」とか「ご苦労様」とさりげなく言ってもらえると，とてもうれしくなるものです。子ども同士のリレーションが高まるうえ，子どもは認めてもらえる喜びの中で，役割活動に責任をもって取り組むようになっていきます。子どもたちが必要なソーシャルスキルを共有していれば，それはより促進されていきます。役割交流は感情交流に至るきっかけになるのです。

4　掃除・給食

　掃除や給食の取り組みは，学級生活になくてはならないルーティンワークです。ルーティンワークとは，取り組み方のパターンやスタイルがある程度決まっていて，同じような内容を毎日確実にこなしていく仕事・課題のことです。

　毎日のことなので，取り組みへの意識を高め，取り組み方をしっかりサポートしていかないと，子どもたちの意欲は徐々に低下し，行動は雑に，無責任な取り組みも増えていきます。学級が荒れ始めたとき，まず低調になっていくのもこれらの取り組みです。

　掃除・給食の取り組みは，すべての子どもが順番に必ず経験するものですから，基本的なソーシャルスキルを共有させる絶好のチャンスです。仕事の手順に慣れてきたら，子どもたちに自主的に運営させ，役割をローテーションし，いろいろな役割の仕事の内容を理解させるように仕向けます。それがわかれば，それぞれの役割に取り組んでいる子どもの苦労が，自然とわかりやすくなるからです。

　また，掃除・給食の取り組みは，すべての子どもにリーダーの役割を体験させる絶好のチャンスでもあります。全員が取り組む活動ですから，全員がその取り組みの全体像を把握しています。したがって，リーダーとなった子どもがうまく指示を出せなかったとしても，比較的周りの子どもはその指示の意図を理解しやすいうえ，フォローもしやすいからです。

　ところで，係の仕事と同様に，掃除・給食などのルーティンワークにおいても，認め合い（④強化）がとりわけ必要です。

　分担なのだからやって当たり前というふうに受け取るのではなく，それぞれの役割の人に対して，必ず「ありがとう」と一声添えるように説明しておき，仕事が終わったら小さな役割でも必ず認められるように工夫します。例えば，前に同じ役割をしていた子どもが，次にその役割になった子どもの仕事を確認して認める，などの工夫ができるでしょう。

学級を知り、育てるためのアセスメントツール

hyper-QUならQ-Uの診断結果に加え、対人関係力も診断できます

よりよい学校生活と友達づくりのためのアンケート

hyper-QU（育てるカウンセリングツールシリーズ）

著者　河村茂雄
対象　小学校1〜3年／小学校4〜6年／中学校／高校

hyper-QUは、**Q-U**の2つの尺度（学級満足度尺度・学校生活意欲尺度）に、ソーシャルスキル尺度を加えた3つの尺度で診断します。

※高校用では、参考資料として悩みに関する質問項目が取り入れられています。

ソーシャルスキル尺度
対人関係（ひとづきあい）を円滑にするための技術（コツ）を測るものです。

ソーシャルスキル尺度を用いて、対人関係力を測ることにより、児童生徒および学級集団の状態を多面的にとらえることができます。

また、**個人票**（教師用／児童生徒用）も打ち出されるので、児童生徒一人ひとりに適切な対応を図ることができます。

Q-Uは不登校やいじめの防止、あたたかな人間関係づくりに役立ちます

楽しい学校生活を送るためのアンケート

Q-U（育てるカウンセリングツールシリーズ）

監修　田上不二夫
著者　河村茂雄
対象　小学校1〜3年・4〜6年／中学校／高　校

学級全体と児童徒個々の状況を的確に把握する2つの診断尺度

「学級満足度尺度」、「学校生活意欲尺度」の2つの診断尺度で構成されています。

- **学級満足度尺度：いごこちのよいクラスにするためのアンケート**
  クラスに居場所があるか（承認得点）、いじめなどの侵害行為を受けていないか（被侵害得点）を知ることができます。
- **学校生活意欲尺度：やる気のあるクラスをつくるためのアンケート**
  児童生徒の学校生活における各分野での意欲を把握することにより、子どもたちのニーズにあった対応を考える資料となります。学級、学年、全国の平均得点も打ち出されますので、今後の学級経営に役立ちます。

資料のご請求は **図書文化社 営業部** へ　　TEL.03-3943-2511　FAX.03-3943-2519

第2章

学校生活のスキル

　本章では，集団生活を送るための日常的な学校のルールを取り上げます。たとえば，机・いす・ロッカーの使い方，共用の器具の使い方，施設の使い方などです。

　これらのスキルは，入学したばかりの1〜2年生のうちに，しっかりと基本を指導して，習慣化させておきたいものです。これらが当たり前にできるようになると，学校生活のストレスも減少します。

　学年があがっても，学級編成替え後の新学級では，やり方を改めて確認したほうがよいでしょう。これまでの学級によって，指導の仕方には違いがあります。「いままでとちょっと変わるかもしれないけれど，新しいクラスではこのやりかたでいこうね」という確認をしておくことが，子どもたちの混乱を防ぎます。年度の初めだけでなく，学期の節目などにも確認すると，取り組みがいいかげんになるのを防げるでしょう。

学校生活のスキル①
あいさつ

朝のあいさつは，元気よく行うことで一日の学級生活に活気が出て，毎日繰り返すことで親しい雰囲気づくりの基盤ができてくる。
低学年では，あいさつの基本型（※下記イラスト参照）を身につけさせるように指導して，行動の定着を図り，日常場面での自発的なあいさつにつなげる。

気持ちよく，「おはようございます」

目標
・7つの型を　しっかり覚えて，かっこよく　あいさつする
・毎日，元気よく　あいさつする

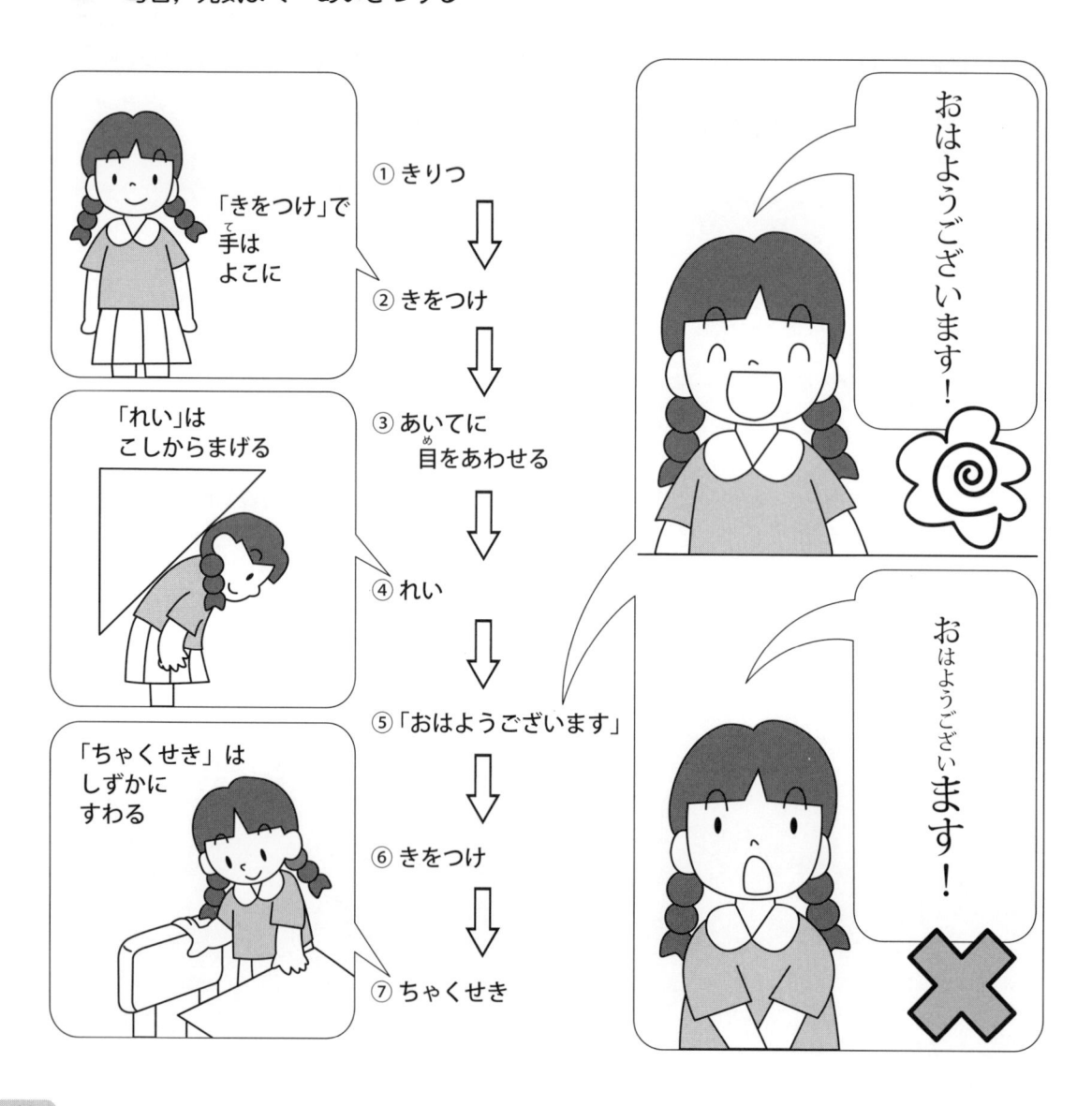

「きをつけ」で手はよこに

① きりつ
↓
② きをつけ
↓

「れい」はこしからまげる

③ あいてに目をあわせる
↓
④ れい
↓
⑤「おはようございます」
↓
⑥ きをつけ
↓
⑦ ちゃくせき

「ちゃくせき」はしずかにすわる

おはようございます！

おはようございます！ ✗

学校生活のスキル②

廊下の歩き方

安全でマナーを意識した廊下歩行や教室移動の指導をする。学級活動の時間などでルールを決め、日常的に確認していくことが必要である。

教室からの出かた，ろう下の歩きかた

目標
- 教室から 出るときは とび出しきんし！
- ろう下は 右がわを 歩く

教室の出かた

（ふきだし）「右よし」「あ、人がきている」

① いったんとまる
② ろう下をのぞいて，右見て，左見て
③ あんぜんだったら，教室を出ます

ろう下の歩きかた

- みんな右がわを歩く
- スピードいはんきんし！

学校生活のスキル③

いすの使い方（立つ，座る，運ぶ）

立ち方・座り方・持ち運び方など，一人一人がさりげなく基本の型どおりに行うことで，集団生活は落ち着いた明るい雰囲気に保たれる。繰り返し，こまめに指導することが大切である。

ないすな，いすの使いかた

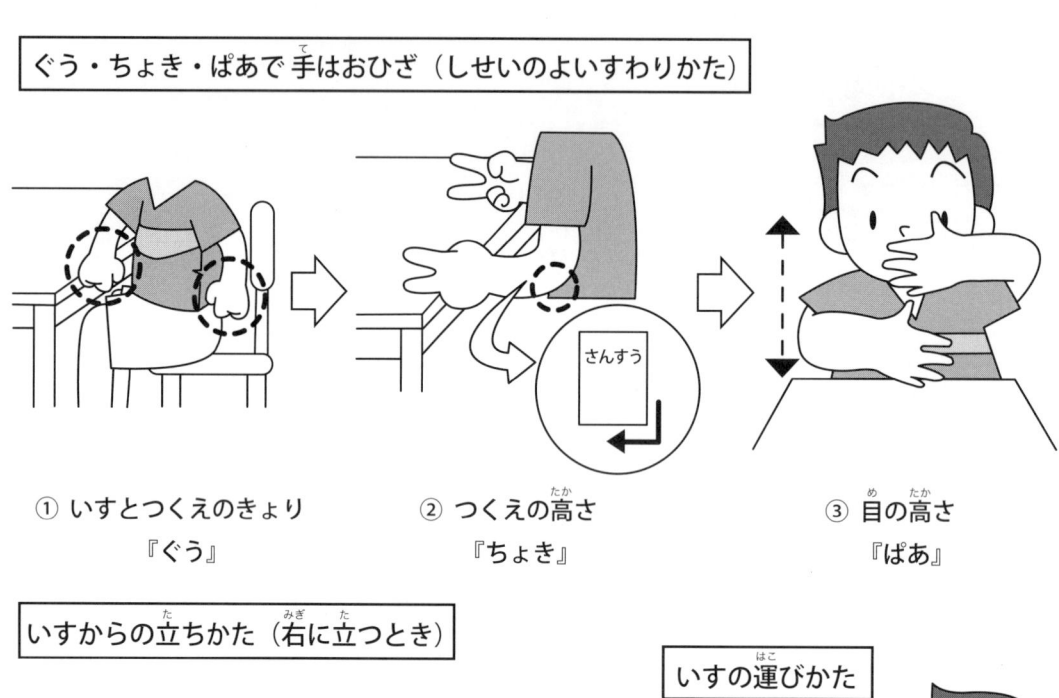

目標
- 「ぐう ちょき ぱあで 手はおひざ」で しせいよく すわる
- すわるとき 立つとき 運ぶとき いすをひきずらない

ぐう・ちょき・ぱあで 手はおひざ（しせいのよいすわりかた）

① いすとつくえのきょり 『ぐう』

② つくえの高さ 『ちょき』

③ 目の高さ 『ぱあ』

いすからの立ちかた（右に立つとき）

左　右

① 右足を いどうします

② 左足を いどうします

いすの運びかた

① りょう手でで持つ
② せもたれを おなかにつける
③ 音を たてないように 運ぶ

学校生活のスキル④

教室の整理整頓

整頓された教室は，活動しやすく，心地よいものである。それぞれの物の置き場所を決めておいて，「出したらしまう」「しまうときは出しやすく」と意識させながら，整理整頓の習慣化を図る。

教室の上手なかたづけかた

目標
- 自分が使うものは　名前が見えるように　たなに　おく
- みんなが使うものは　きめられた場所に　おく

こじんで使うもの

● 自分のロッカーにおく

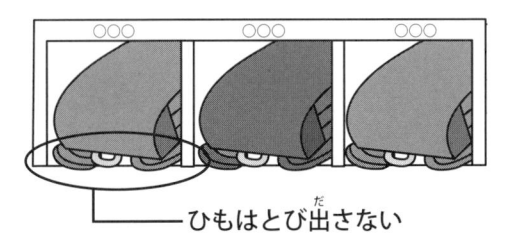

ひもはとび出さない

● かならず名前を書く

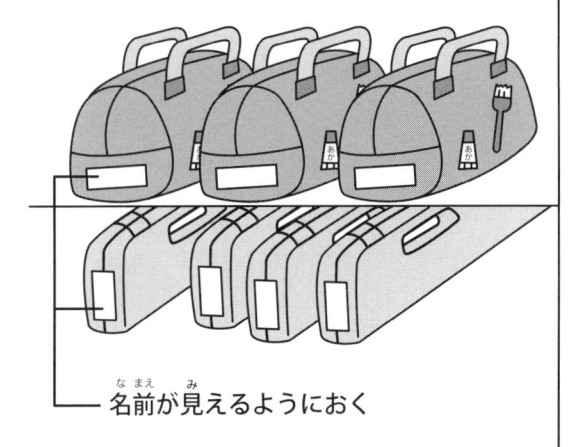

名前が見えるようにおく

みんなで使うもの

● きめた場所におく

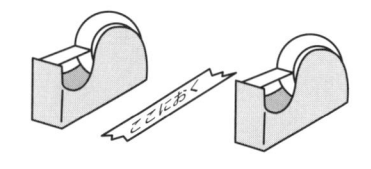

ここにおく

せろはんてえぷおきば

● こまかいものははこにいれて，なかみをかく

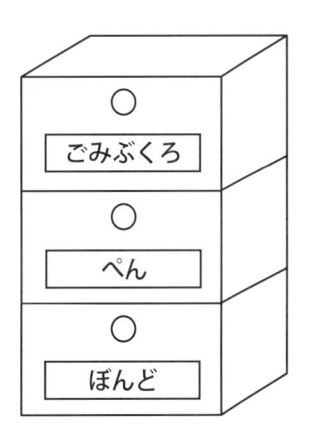

○ ごみぶくろ
○ ぺん
○ ぼんど

学校生活のスキル⑤

着がえ

着がえは自立への第一歩。一人で着がえさせる。とりわけ，水着の着がえはむずかしく，しかも短時間での活動となる。わるふざけをせず，手際よくできるように手順をしっかり身につけさせたい。

水着の着がえかた

目標・じゅん番どおりに，手早く 着がえる

①といれに行く

水着はぬぐのがたいへんです　着がえるまえにといれに行きましょう

②着るものをよういする

- ごむひもがよい
- きゃっぷ
- うえあ
- ごおぐる
- たおる
- ぬれた水着を入れる

ひつようなものがすべてあるかな？

③着がえる

体がかくれる大きなたおるを用いしましょう

④ぬいだものをたたむ

- ふく
- 下着

下着はふくの下におきます

学校生活のスキル⑥
トイレの使い方

家庭のトイレは洋式が主流であり，和式トイレに慣れていない子どもも少なくない。トイレの使い方を身につけさせ，正しく清潔に使わせることで，いつでも安心して使えるようにすることが大切である。

みんなのといれの使いかた

目標
・使いかたを おぼえて きれいに 使う
・おわったら 手を あらう

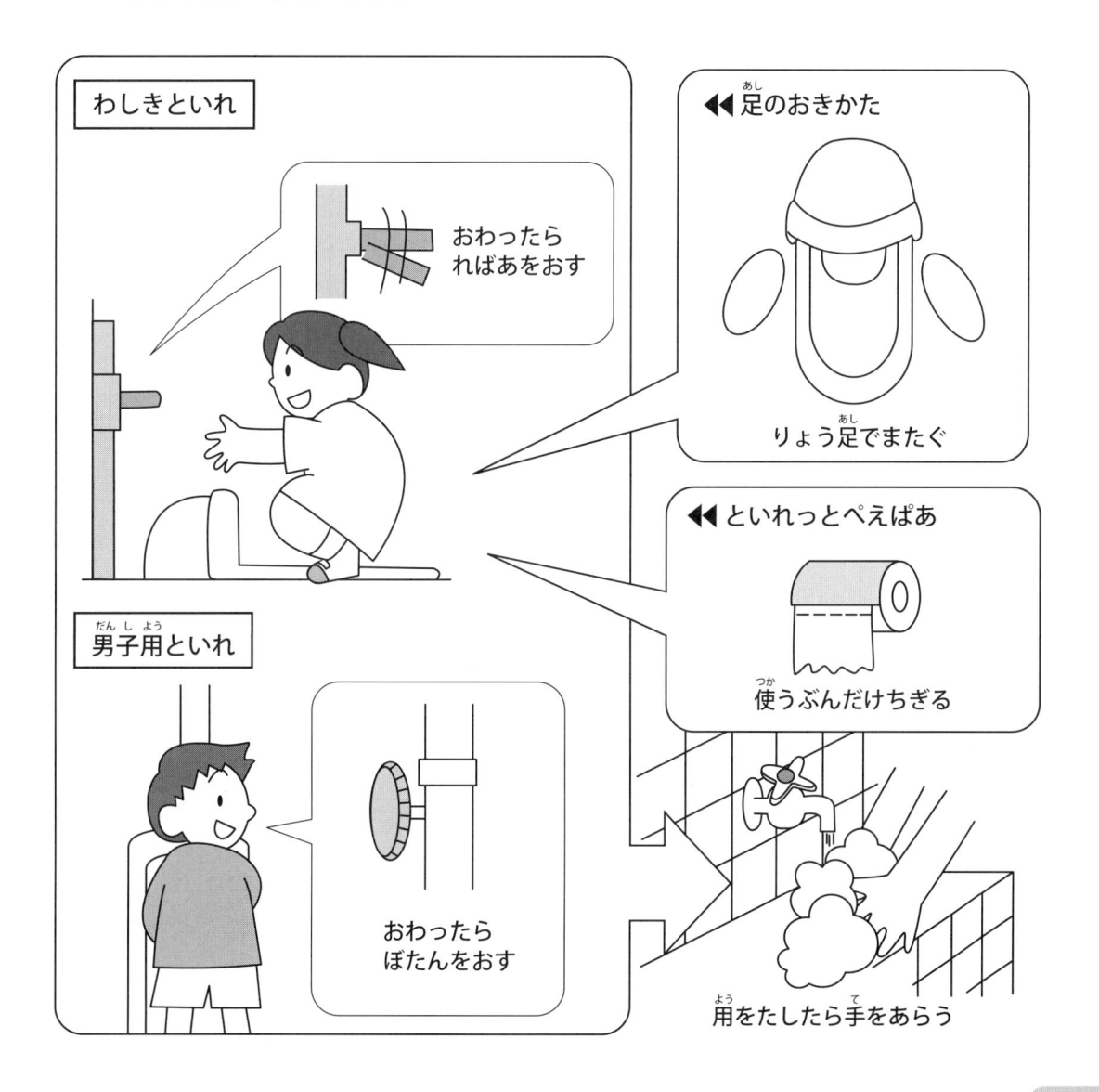

わしきといれ

おわったら ればあをおす

◀◀ 足のおきかた

りょう足でまたぐ

◀◀ といれっとぺえぱあ

使うぶんだけちぎる

男子用といれ

おわったら ぼたんをおす

用をたしたら手をあらう

学校生活のスキル⑦

机の整理

机の中や机の上の整理整頓は，授業づくりの基礎となり，学校生活をスタートする1年生にしっかりと身につけさせたいスキルである。

つくえの整理わざ

目標
・つくえの中を いつでも とり出しやすく 整理する
・教科書，のおとを 使いやすいように おく

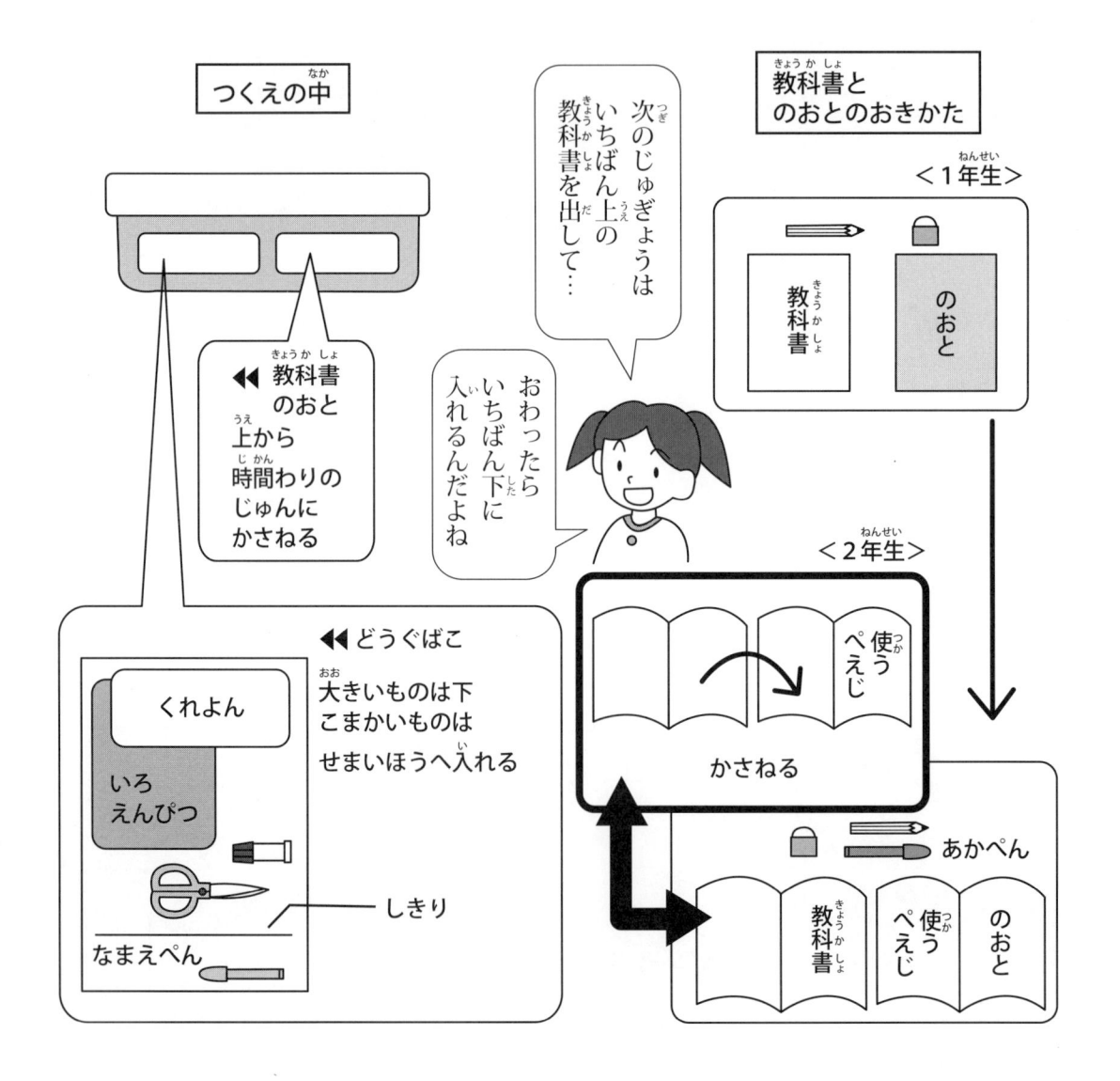

つくえの中

◀◀ 教科書
のおと
上から
時間わりの
じゅんに
かさねる

◀◀ どうぐばこ
大きいものは下
こまかいものは
せまいほうへ入れる

- くれよん
- いろえんぴつ
- しきり
- なまえぺん

次のじゅぎょうは
いちばん上の
教科書を出して…

おわったら
いちばん下に
入れるんだよね

教科書とのおとのおきかた

＜1年生＞
教科書 / のおと

＜2年生＞
使うぺえじ
かさねる

教科書 / 使うぺえじ / のおと
あかぺん

学校生活のスキル⑧

ノートをとる

授業に臨む姿勢づくりの基礎として，ノートのとり方を指導する。文字を書くことに慣れてきたら，「マス」や「行」の意味を理解させ，「ひとマス空けて」「1行空けて」などの合い言葉を使って，教師の指示で一斉に書けるようにさせる。

見やすいのおとのとりかた

目標
- 教科ごとに のおとを 用意する
- 「ます」「行」を使って いつでも見やすく のおとを とる

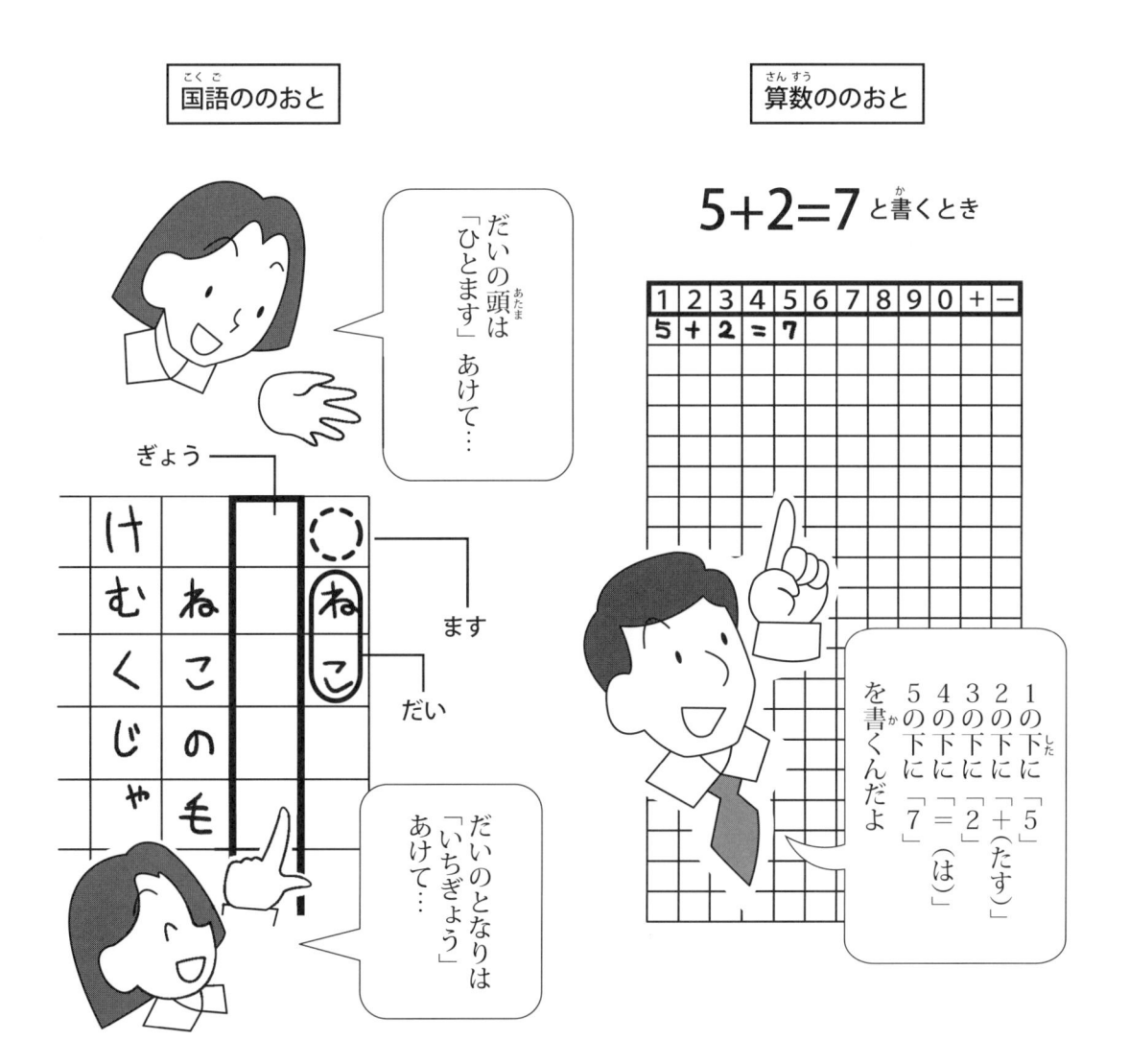

[国語ののおと]

だいの頭は「ひとます」あけて…

ぎょう　ます　だい

だいのとなりは「いちぎょう」あけて…

[算数ののおと]

5+2=7 と書くとき

1の下に「5」
2の下に「＋(たす)」
3の下に「2」
4の下に「＝(は)」
5の下に「7」
を書くんだよ

学校生活のスキル⑨

話を聞く，発言する

「聞く」「話す」は学校生活における基本のスキルであり，その切り替えができると自分の気持ちを安心して発言し，相手の意見に耳を傾けることもできるようになる。

みんなの前で発言しよう

目標
- 自分の 意見を 言う
- 人の 話を さいごまで 聞く

1 あいての話を聞く

今日はひなんくんれんがあります 学校でじしんがあったときは…

ふむふむ

2 わからないことは後でしつもんする

後でしつもんしよう

しつもんひょう
① _____
② _____
③ _____

3 意見を言うときは，手をあげる

主人公はどんな気持ちがしただろう？

まずは手をあげる

はい

4 すぐに答えられないときは「時間をください」

すきなどうぶつを教えてね

○○さん

うさぎです

○○さん

ぞうです

時間をください

○○さん

> ・4月の国語の授業で導入の指導を行い，その後も練習する。
> ・発言できる子どもには，友達の意見に耳を傾けることを促し，発言できない子どもには，自分の考えを表現できるチャンスを与えていきたい。

指導例 みんなの前で発言しよう〔10分〕

	教師のセリフと行動	留意点
導入（2分）	**1　発言のルールを確認する** ・「今日はみんなの前で話すときのコツを学びましょう」 **ルール1：相手の話を聞く** ・「話に割り込んではいけません。割り込まれたほうは嫌な気持ちになりますね」 **ルール2：分からないことは，あとで質問する** ・「質問は，相手の話が終わってからします」 **ルール3：意見があるときは，手をあげる** ・「意見があるときは手をあげて，名前を呼ばれてから話します」 **ルール4：すぐに答えられないときは，『時間をください』** ・「当てられても，すぐに答えられないことは，だれにでもあります。そんなときは『時間をください』と言いましょう」	
展開（5分）	**2　発言の仕方を練習する** ①手をあげて発言させる ・「いまから発言の仕方を練習します」 ・教師がトークをする。 ・「これは練習だから，手をあげてどんどん発言しましょう」「分からないことは放っておかないでね」 ・手をあげて発言できた子どもをほめる。「手をあげて質問できたね」「あなたの考えを話してくれたから，みんなが勉強できたよ」 ②指名して発言させる ・「好きな給食のメニューは何ですか？　1列目からお願いします」とグループ指名して，1人ずつ順番に答えさせる。 ・「時間をください」と言った子どもは，後でもう一度指名する。	●いい発言はその場でほめて，ほかの子どもにモデルとして示す。 ●指名と回答は時間をかけず，リズミカルに行う。「aさん」「カレーです」「bさん」「リンゴゼリーです」「cさん」「わかめご飯です」「dさん」「時間をください」
振り返り（3分）	**3　全員でよかったところを発表し合う**	●授業の流れと関係のない質問をしてしまう子どもがいる場合は，質問カード（3枚まで）などを使うとよい。

学校生活のスキル⑩

提出物の出し方

物に応じた提出方法を指導することは，物への価値判断を育てることでもある。金銭や貴重品，情報についてはとくに慎重に扱う。

てい出物の出しかた

目標・物に 合った 方法で てい出する

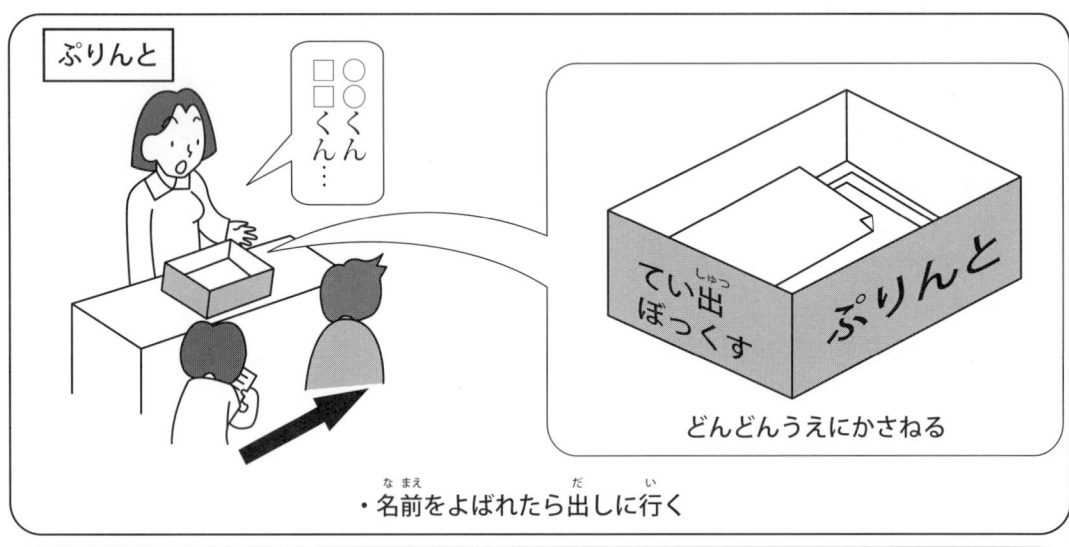

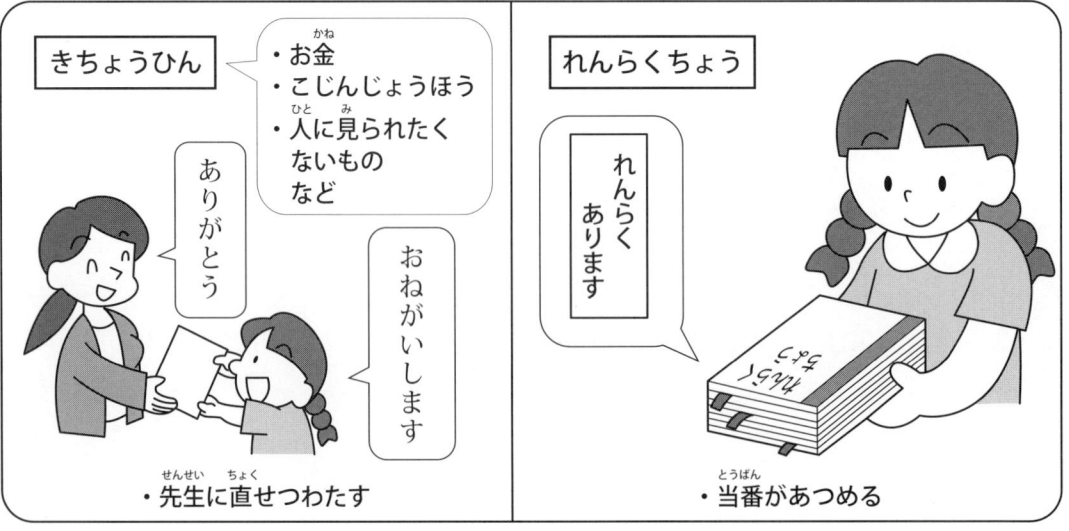

ぷりんと
- 名前をよばれたら出しに行く
- どんどんうえにかさねる
- てい出ぼっくす

きちょうひん
・お金
・こじんじょうほう
・人に見られたくないもの など

・先生に直せつわたす

れんらくちょう
れんらくあります

・当番があつめる

指導例	提出物の出しかた〔12分〕	・提出の機会ごとにこまめに指導する。学級活動など他の単元と連動させるとよい。 ・低学年では，種類や順序を正しく出せること，金銭の取り扱い方ができることを目標とする。提出BOXに出しておく物は，順番は問わず，種類ごとに重ねてあればよしとする。

	教師のセリフと行動	留意点
導入（3分）	**1 提出の仕方をクイズで出題する** ・「物にはそれぞれに合った提出の仕方がある，ということについて，考えてみましょう。では，次のものはそれぞれどうやって提出すると思いますか？」 　(a)テスト　　　(b)学習プリント　　(c)アンケート 　(d)保健書類　　(e)お金　　　　　　(f)貴重品 ・「正解は，(a)と(b)は番号順，(c)と(d)は裏返し，(e)と(f)は先生に直接渡す，でした」	●提出物と提出方法の結びつきを問い，「なぜそのように提出するのか」を考えさせる。 ●(a)～(f)を板書する。 ●疑問点があげられた場合は，全体で確認する。
展開（6分）	**2 提出の仕方を体験させる** ①番号順に提出するもの ・「提出BOXに，決められた順番どおりに重ねます」 ・「一箱につき一種類で，何枚かあるときは分けて入れます」 ・「うまく出すコツは，前の番号の人を見つけてその上に重ねることです」 ・「では，○○さんから順番に出しに来てください。次は△△さん……」 ②裏返しや，折って提出するもの ・「書いてあることがほかの人に見えないように，2つ折りにしたり，裏返して集めます」 ・「では，後ろから前に送ってください。送るときは，人のものを見てはいけません」 ③先生に直接渡すもの ・「無くしては困るので，先生に直接渡します」	●そのときの提出物に合わせて，①，②，③を選んで指導する。 ●その他の物の提出 (g)連絡帳 　家庭からの連絡がある場合は，保護者にお願いして「連絡あります」のしるしをつけてもらう。 (h)個人情報に関わるもの 　担任が教室に来るまで，ランドセルから出さないで，貴重品袋から直接提出させる。
振り返り（3分）	**3 活動を振り返る** ・①～③それぞれ，同じ方法で提出するものにはほかに何があるかを発表させる。 ・さらによい方法が提案された場合は，全体で検討してから採用する。	●提出物を忘れた場合は，言われる前に報告させる。報告の仕方は，事前に型を決めておく。

学校生活のスキル⑪

時間を守って行動する

自分で時間を意識して行動できるように，時間を守った行動の仕方を指導する。一人一人に定着して，学校での活動が計画的に進むことで，教師も子どもも落ち着いた気持ちで生活できる。低学年の子どもには，自分で自分をコントロールしようという意識をもたせることが大切である。

ちゃいむが鳴ったときの行動のしかた

目標・ちゃいむを　まもって　せきに　つく

いそいでかたづける　　　　　教室にもどる

早くかたづけよう

ちゃいむが鳴ったよ

ちゃいむが鳴ったから教室にもどろう

つづきは昼休みだ

| 指導例 | チャイムが鳴ったときの行動のしかた〔45分〕 | 慣れてきたら，チャイムの5分前行動を意識づける。 |

	教師のセリフと行動	留意点
導入（15分）	**1　チャイムが鳴ったときの行動を見せる** ①2つの行動を教師が実演する ・「チャイムが鳴ったらどうすればいいですか。いまから先生がやってみるので後で発表しましょう」 　a)（チャイムが鳴る）教室に入らず，遊んでいる。 　b)（チャイムが鳴る）教室に入って，席に着く。 ②どちらが正しいかを子どもに問う ・「なぜ正しいと思いますか？」と理由も問う。	●正しい行動への理解を深め，定着を図るには，「チャイムが鳴ったら席に着きましょう」と規則を押しつけても効果は望めない。よい姿と悪い姿を実際に見て感じたことを，自分の言葉で言わせることが大切である。
展開（25分）	**2　チャイム着席を一班ずつ体験させる** ・「いま確認した正しい行動を練習しましょう」 ①チャイム着席を実演させる ・ほかの班の子どもは席に着いて実演を見る。 ②異なった状況を体験させる ・教師が介入して，①と異なった状況でのチャイム着席を体験させる。 ・「○班の人たちは大変でしたね。あんなときはどうすればよかったでしょう？　班ごとに対策を考えて，実際にやってみましょう」 ・意見を交換して，正しい行動を確認させる。	●異なった状況の例 ・教師が子ども役になって，着席しようとする子どもに「もう少し遊ぼうよ」と声をかける。 ・子ども役の教師が，ボールをほかの人に押しつけて着席する。 ・子ども役の教師が，教室の中を走って席に着く。 ・一緒になって遊んだものを先生が一人で片づける。
振り返り（5分）	**3　活動を振り返る** ・チャイムが鳴ったときの正しい行動をまとめる。 ・これから気をつけたいことを発表させる。 ・子どもたちの対応でよかったところを具体的に「○○さんが△△していてよかった」とほめる。	●時間があれば，学級の普段の様子（チャイム着席の実施状況など）について，教師のもっている印象を話すとよい。

学校生活のスキル⑫
食事の片づけ方

食事の大切なマナーとして手際よく片づけられるように指導する。低学年は，とくに，食事に時間を要する。食事時間を十分に保証するためにもしっかりと定着させたい。

すばやくきれいにできる食事のかたづけかた

目標・食器，ごみ，食べのこしを　手早く　きれいに　かたづける

| すすんでごみをあつめる | 同じものをまとめる |

「ありがとう」
「ごみをあつめに来ました」

・食べおわったら，みんなのてえぶるを回って，ごみをあつめます

（例）
食べのこし

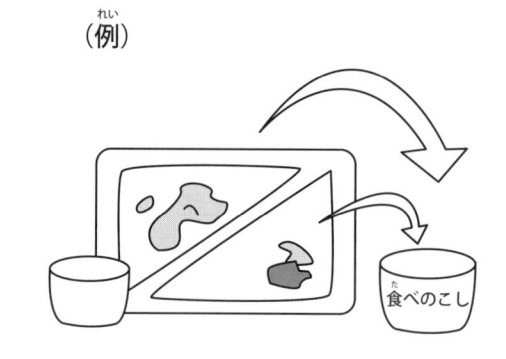

・食べのこしは，きめられたところにまとめます

・同じ食器はかさねます
　ただし，かさねすぎてはいけません

第3章

集団活動のスキル

　本章では，みんなで何かの活動するためのルールを取り上げます。たとえば，チャイムや時間割に沿って活動する，係活動の役割を守る，授業を受ける際の取り決めを守るなどです。

　みんなで何かをしようとするときには，基本的なルールを守ったうえで，話し合いや役割分担を行うことが必要になり，より高度な集団活動のスキルが求められます。その複雑な活動を，教師は手順化し，段階を追って子どもに指導していくことが大切です。

　たとえば，朝の会や帰りの会，学級会での司会の仕方はマニュアル化し，そのやり方をベースに子どもたちが発展させられるようにするとよいでしょう。また，給食当番などのルーティンワークは，できるだけ効率よく素早く行えるようにすると，ちょっとしたお楽しみや，発展させたスキルの指導を行う時間が確保できます。

集団活動のスキル①

朝の会・帰りの会

朝や帰りの会は，自分たちの力で会を進める自治的な力を育てるとともに，自分たちの生活を改善するためにみんなで話し合う場でもある。朝の会では，一日のめあてをもたせ生活への意欲づけをし，帰りの会では，一日の活動や気づきを振り返り，自分や友達のよさを捉えさせる。

学級生活を楽しくする朝の会・帰りの会

目標
・朝の会に　元気よく　さんかする
・帰りの会で　友だちの　いいところを　はっぴょうする

朝の会で「今日のめあて」をはっぴょうする

帰りの会で「友だちのがんばり」をはっぴょうする

「ろう下の右がわを歩こう」

ろう下の右がわを歩こう！

○○くんはわたしがこまっているときに声をかけてくれましたありがとう！

みんなで○○くんにはくしゅしましょう

○○くん

しかい

朝の会
(1) 朝のあいさつ
(2) 歌
(3) けんこうかんさつ
(4) 今日のめあて
(5) みなさんから
(6) 先生から

帰りの会
(1) めあてのふりかえり
(2) 今日のがんばり
(3) みなさんから
(4) 先生から
(5) 帰りのあいさつ

> ・学級活動の時間にまとめて指導する。その後も適宜指導を行う。
> ・日直の司会は，1年生の始めのころは先生と一緒に行う。その後，だんだんと子どもに任せるようにして，「自分でできた」という満足感を高める。あらかじめシナリオを用意しておくとスムーズに進行できる。

指導例 学級生活を楽しくする朝の会・帰りの会〔45分〕

教師のセリフと行動	留意点
展開①（30分） **1　朝の会の意味を確認し，進め方を練習させる** ①あいさつ：「みんなで元気よく気持ちのよいあいさつをしましょう」 ②歌：「みんなで心を合わせて歌いましょう」 ③健康観察：「自分の名前を呼ばれたら元気に返事をします」「友達の健康にも気を配ることも大切です。静かに待ちましょう」 ④今日のめあてでは，「ろう下の右側を歩こう」などと目標の行動を具体的に示す。「みんなで力を合わせて達成しましょう」 ⑤みなさんから：「みんなに聞いてもらいたいことはありますか」 **2　帰りの会についても同様に行う** ①めあての振り返り：「できた人は手をあげてください」 ②今日のがんばり：「今日一日の生活の中で見られたよい姿を発表してください」 ③みなさんから：「みんなに伝えたいことや係からの連絡はありますか」 ④先生からでは，一日の生活の様子やがんばりについて話をする。	●"④今日のめあて"では，具体的な行動を示す（「正しいろう下歩行をしよう」ではなく，「ろう下の右側を歩こう」）。そして，活動の意味を捉えさせる。 ●"①めあての振り返り"では，個人の成果と学級のみんなで達成した成果の両方を認める。学級の成果はどんどん掲示して，「学級のみんなでできた」という達成感を高めていく。
展開②（15分） **3　友達のほめ方を練習させる** ・「朝の会や帰りの会では，友達のことで，感心したこと，すごいなとかまねしたいなと思ったことを発表し合いましょう」 ・「『わたしは○○さんについて発表します。○○さんが△△していたのですごいなと思いました』のように発表します」	

集団活動のスキル②

朝自習

朝自習などが位置づけられている場合は，教師の指示がなくても，簡単な手順にしたがって，自分たちで静かに進められるようにする。朝自習は，一日の学習意欲を高めるウォームアップにもなる。

朝自習の進めかた

目標
- 「はじめ！」の 合図で はじめる
- おわりの時こくまで しずかに しゅう中する

「はじめ」の合図でしゅう中　　　早くおわったら本読み

自習
① ぷりんと1まい
② おわったら 本読み

みなさん用いはいいですか？ではははじめましょう

はい

おわりの時こくまでしずかにしているぞ

指導例 朝自習の進めかた〔15分〕

> ・4月の朝自習の時間に指導して、その後も適宜確認する。
> ・課題の内容については「だれにでも取り組める内容・レベル」「時間いっぱいで終わる量」を選び、個人差にも配慮する。

	教師のセリフと行動	留意点
導入（2分）	**1 自習の手順を説明する** ・自習用具と読書の準備を確認する（場合により板書を併用する）。 ・注意事項（「はじめ」の合図を守る、立ち歩かない、トイレは日直に断る、など）を確認する。 ・自習の流れ（進め方、終わり方、課題の回収の仕方など）を確認する。 ・目標を確認する。	●低学年では、いっせいに開始し、学級のほとんどが課題を終え、いっせいに終了することを目標とする。
展開（10分）	**2 自習を体験させる** ・課題を配布する。 ・「この時間の課題はプリント○枚です。終わったらプリントを伏せて、読書をします」 ・「みなさん、用意はいいですか。では始めてください」 ・時間がきたら簡単な答え合わせに移る。「わからないことは先生に聞いてください」 ・課題を回収し、いっせいに終了する。	●進行は実態により、教師、係、日直などが行う。 ●低学年は10分間集中できることを目標とする。 ●自習中の注意は基本的に教師が行い、指示係にはやらせない。
振り返り（3分）	**3 振り返りをする** ・「今日は○分間話し声がなかったから、次は○分間を目標にしよう」と意欲づけをする。 ・自習中に私語や立ち歩きがあった場合には、子どもたちから事情をよく聞き、ルールを行動レベルで再度細かく確認し（例えば「立ち歩いてよい場合」を示す、など）、改めてルールの徹底を図る。	●できないことをしかるのではなくて、できたことをほめる。 ●具合が悪くなったとき、緊急事態発生のときの行動の仕方については、事前に想定して伝えておく。

集団活動のスキル③

給食当番

当番表を使って役割意識を高める工夫をする。また、当番以外の子どもにもサポートさせることで，協力して準備したり，すすんで仕事を見つけていこうとする態度を育てることが大切である。

しごとをおぼえて，給食(きゅうしょく)のじゅんびをしよう

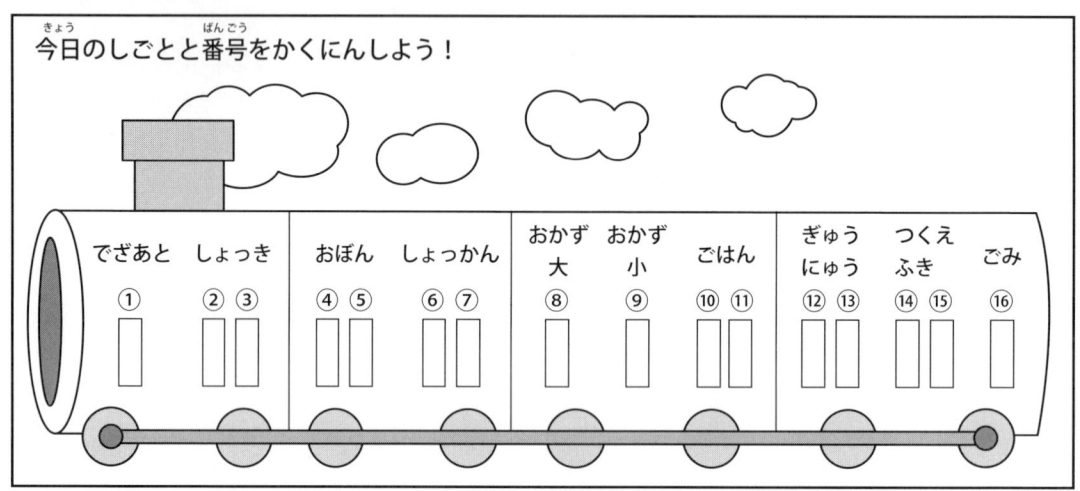

目標
・当番表(とうばんひょう)を 見(み)て 自分(じぶん)の しごとを する
・当番(とうばん)でなくても じゅんびに きょうりょくする

① 毎朝(まいあさ)，当番表(とうばんひょう)を見(み)る

今日(きょう)のしごとと番号(ばんごう)をかくにんしよう！

| でざあと | しょっき | おぼん | しょっかん | おかず大 | おかず小 | ごはん | ぎゅうにゅう | つくえふき | ごみ |
| ① | ② ③ | ④ ⑤ | ⑥ ⑦ | ⑧ | ⑨ | ⑩ ⑪ | ⑫ ⑬ | ⑭ ⑮ | ⑯ |

② 4時間目(じかんめ)がおわったら，はくいに着(き)がえて、当番表(とうばんひょう)の前(まえ)に1れつにならぶ

番号(ばんごう)！

1 でざあと
2 しょっき
3 しょっき
4 おぼん
5 おぼん
6 しょっかん

③ みんなそろったらしゅっぱつしんこう！れつのまま，給食(きゅうしょく)をとりに行(い)く

※ 一日(いちにち)がおわったら，しごとはひとつずつずれます
　当番表(とうばんひょう)は，毎日(まいにち)，かくにんしよう！

指導例	仕事を覚えて給食の準備をしよう〔45分〕	
	教師のセリフと行動	留意点
導入(2分)	**1　当番表の見方を説明する** ・給食当番は，当番表を使って，全員がかわりばんこにやります。 ・当番表（※前ページ参照）を見せながら，「白衣を着るのは①から⑪までです。⑫から⑯の人は白衣は着ませんが仕事があります。ほかの人はウェイターです」	●白衣を着る人数は子どもの人数や学校の事情によって変わる。 ・本指導は4月の給食の時間を使って行う。 ・当番の人数は，低学年の子どもが仕事を安全に行えるようにそれぞれ配分する。
展開(40分)	**2　給食を準備する** ①当番の仕事を説明する ・「4時間目が終わったらすぐに手を洗います」 ・「白衣を着て番号順に並びます」 ・「当番が全員そろったら給食を取りに行きます」 ・「机をふく人は配膳台の準備もします。配膳が終わったら，後片づけの準備をしておきます」 ②当番以外の仕事を説明する ・「姿勢よく座って順番まで待ちます」 ・「当番に呼ばれたら給食をもらいに行きます」 ・「当番の給食も準備してあげましょう」 **3　食事をする** **4　給食を片づける** ①当番の仕事を説明する ・「食器や食缶の前に立ち，みんながきれいに片づけるか見ています」「こぼしたときや食器が汚れているときは，きれいに片づけるように声をかけます」 ②当番以外の仕事を説明する ・「ゴミを拾い，身の回りの整頓をします。終わったら姿勢よく座って待ちましょう」	●給食当番の指導は「当番」と「当番以外」の両方の子どもを同時にサポートする必要があり，一人の教師ではむずかしい部分も多い。できれば，担任外やサポートの教師に協力してもらうとよい。 【当番表作成のポイント】 ・当番表は見やすく簡潔に書く。 ・磁石は一日ごとに一つ後ろにずらし，同じ仕事は3日以上続けさせない。 ・仕事の分担は，十分に吟味して作成した当番表に基づいて，教師が行う。 ・翌週にはグループごと交代する。
振り返り(3分)	**5　望ましい行動を確認する** ・当番の仕事をしっかりした子ども，進んで仕事を見つけて，みんなのために働いていた子どもをほめる。 ・「みんなで協力すると，準備が早くできて食事の時間が増えるし，片づけもきれいにできるね」 ・次はここまでできたらOK，の目標を発表する。	

集団活動のスキル④

掃除

掃除用具の名前と使い方を実際に掃除をしながら覚えさせ，自分たちの教室をきれいな環境に保つことの気持ちよさを味わわせることが大切である。

そうじ用具の使いかた

目標・そうじ用具の　使いかたを　おぼえて，教室を　きれいに　そうじする

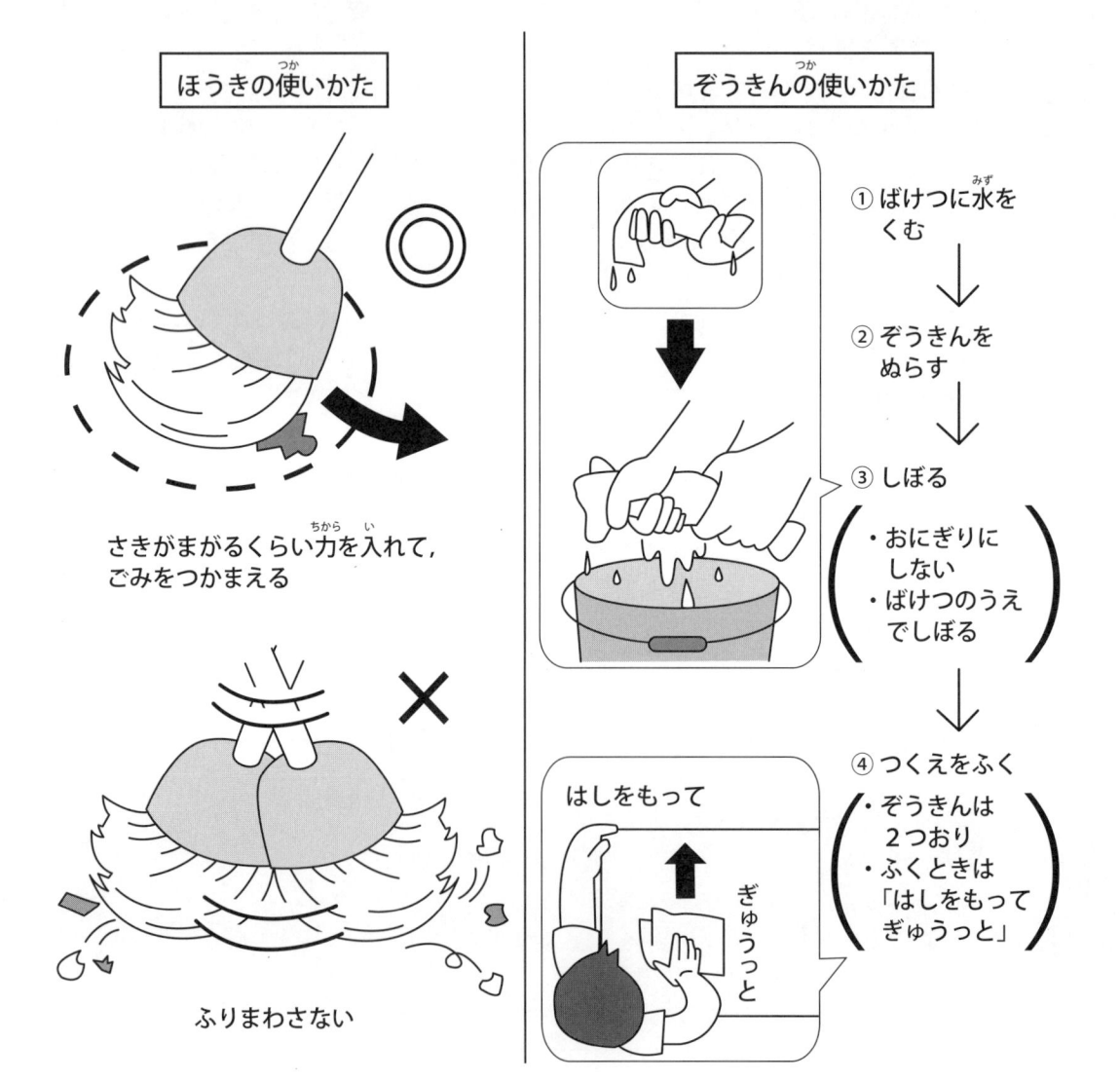

ほうきの使いかた

さきがまがるくらい力を入れて，ごみをつかまえる

ふりまわさない

ぞうきんの使いかた

① ばけつに水をくむ

② ぞうきんをぬらす

③ しぼる
・おにぎりにしない
・ばけつのうえでしぼる

④ つくえをふく
・ぞうきんは2つおり
・ふくときは「はしをもってぎゅうっと」

はしをもって
ぎゅうっと

> ・学校によってゴミの捨て方や掃除用具には違いがあるので，事前に確認しておく。
> ・「学級活動」の時間に本活動を行い，日常の掃除の時間にも適宜指導する。

指導例　掃除用具の使いかた〔35分〕

	教師のセリフと行動	留意点
導入（5分）	**1　掃除用具の名前を教える** ・ほうき，ぞうきん，ちりとり，小ぼうき，黒板消し，バケツなど，実物を見せながら確認する。	
展開（25分）	**2　ほうきとぞうきんの使い方を説明する** ①教師が実演する ・ほうきで床を掃きながら，「ゴミをつかまえるために力を入れて，ほうきを横に動かして止めます。ほうきを振り回すとせっかくつかまえたゴミが逃げてしまいます」 ・ぞうきんで机をふきながら，「バケツの水でぬらしてから絞ります。ぞうきんを細長くして端を持ってぎゅうっとねじります。ふくときは2つにたたんで，机の上を端から端までしっかりと。汚れたら裏返して使います」 ②1人ずつ実演させる ・4人一組で全員が行う。 ・上手にできた子はコツを，上手にできなかった子はむずかしかったところを話し，4人で教え合いながら進めさせる。 ・できなかった子に「上手にできた人にやり方を聞いてね」と言って，練習するよう指示を出す。	●ほうきとぞうきん以外の使い方は次回指導する。一度にすべてを詰め込もうとしても定着しない。 ●「ゴミをつかまえて」をほうきの合い言葉として，強調しながら実演する。 ●「端を持ってぎゅうっと」をぞうきんの合い言葉として，強調しながら実演する。 ●ここでも，合い言葉を言いながら実演させると効果的。また，どの子にも声をかけて励ます。 ●使い方のポイントや合い言葉は教室に掲示しておき，繰り返し指導する。
振り返り（5分）	**3　実演後の感想を話し合わせる** ・「やり方を教えてもらったときどんな気持ちがしましたか」 ・「今回うまくできなくても，毎日掃除をしていくうちにできるようになればいいね」 ・「用具を正しく使うと掃除が上手にできるね」	●掃除活動を繰り返すなかで，「掃除用具は大切に使うと長持ちするね」と，物を大切に扱う意識も育てたい。 ●関連させて，掃除用具の収納の仕方についても，指導するとよい。

集団活動のスキル⑤
係の仕事

集団生活に必要な仕事を行い，居心地のよい学級をつくるために，係分担の決め方と仕事の進め方を指導する。自分の仕事の成果を見つめ，「自分の仕事が学級に貢献している」との思いが高まると，一人一人に学級への所属感がわいてくる。それぞれの仕事のやり方や意義について，低学年のうちから意識させることが大切である。

かかりのしごとの進めかた

目標
- 自分の しごとを わすれないでやる
- みんなで 同じくらいずつ しごとをする

かかりに名前をつける

わたしたちのしごとは金魚のせわをすることだね

じゃあ名前は金魚やさんでどうかな？

金魚やさん

活動計画を立てる

ぼくは月ようと火ようにえさをあげるね

じゃあわたしは水ようと木ようね金ようはふたりでやりましょうね

- どんなしごとか，みんなにわかってもらえるような，名前をつけましょう
- 「いつ」「だれが」「なにを」するのかかかりのみんなでびょうどうにぶんたんします

指導例 係の仕事の進めかた〔45分〕

	教師のセリフと行動	留意点
導入（5分）	**1 学級に必要な仕事を発表させる** ・「○○さんが先生の学級の仕事のお手伝いをしてくれました。とっても助かりました。ほかにもできることはないかな？」 　・花に水をやること　・金魚にえさをやること 　・黒板を消すこと　　・朝の歌を歌うこと 　・電気をつけたり，消したりすること　など	●係活動の目的は「先生のお手伝い」ではないが，低学年の場合は，活動の仕方をつかむために「先生のお手伝い」から入ってもよい。
展開（35分）	**2 自分の仕事を決めさせる** ・仕事のやり方を一つずつ教師が説明する。 ・全員の分担を決める（班ごとに割りふる，やりたい仕事の希望をとる）。 ・分担が決まったら係ごとに集合させる。 **3 係ごとに活動計画を立てさせる** ・「それでは，みんなに仕事がわかってもらえるような，名前をつけましょう」 　・ほけんかあどやさん　・金魚やさん 　・こくばんけしやさん　・歌やさん 　・電気やさん　　　　　・花やさん　など ・「それでは，『いつ』『だれが』『何を』やるかを係のなかで決めましょう」 ・「仲間と一緒にがんばりたいことを考えてください」	●名前をつけることで，係に親しみとやる気が起こり，仕事が継続する。 ●仕事の分担は「いつ」「だれが」「何を」を明確にさせる。 ●仕事の中身や分担については，紙に書いて教室に掲示する。 （例） 花屋さん 学校に来たら花に水をやる 　月・火……○○さん 　水・木……△△さん 　金　………□□さん
振り返り（5分）	**4 自分の係を紹介し，決意を述べさせる** ・全員の前で自分の係を紹介させる（係の名前を発表し，仕事の詳細やメンバーと一緒にがんばりたいことなどを発表させる）。	●次のステップは「わたしのしごとは」（P.124）参照。

集団活動のスキル⑥

話し合い

学級の話し合いを自分たちで進められるように，一番単純な話型を子どもたちに捉えさせ，話し合いの基礎を身につけさせる。また，さまざまな考えを聞き合い，よりよい考えにまとめていく過程が話し合いであることを意識させたい。

話し合いの進めかた

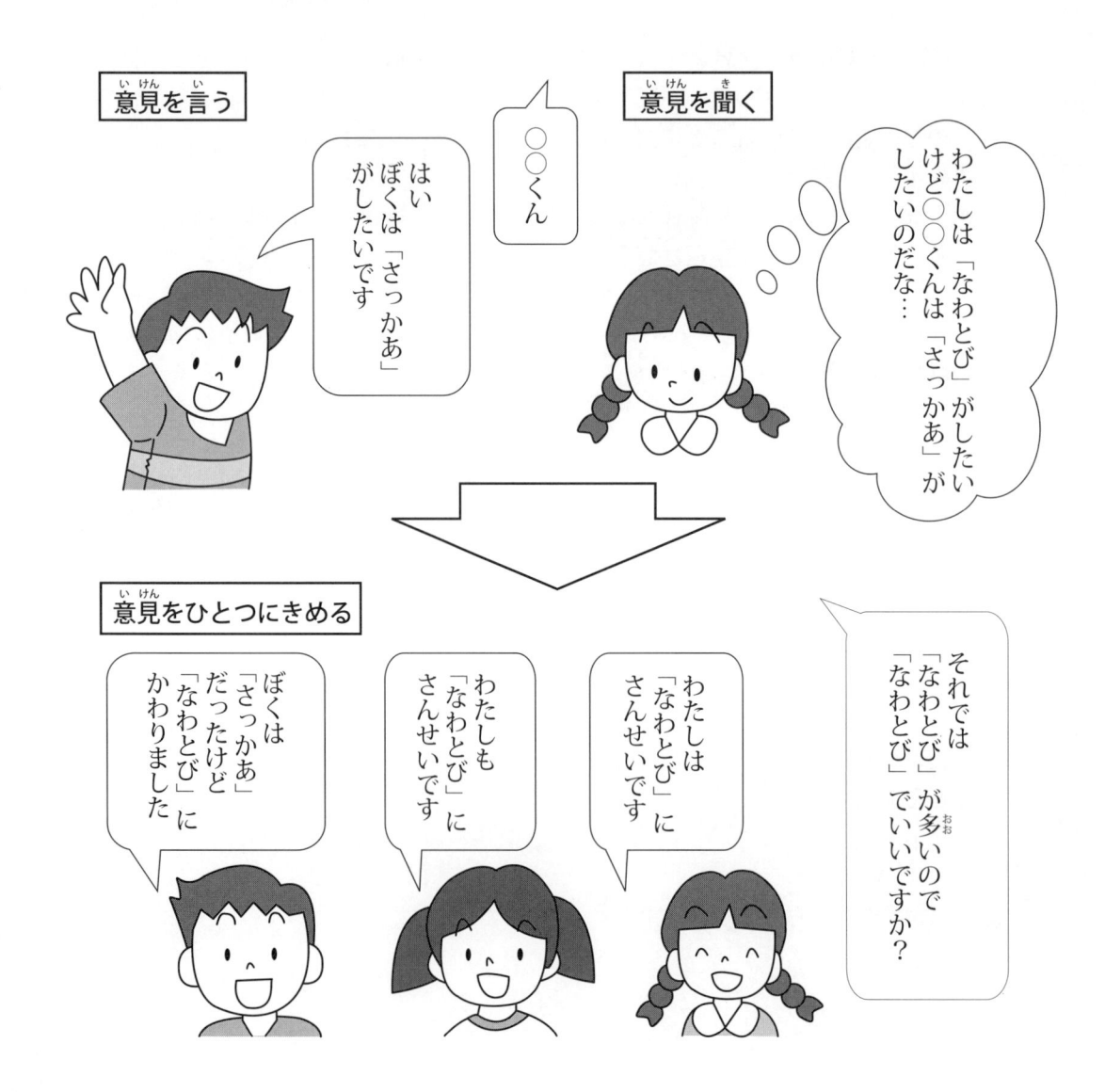

目標
・自分の 意見を 言う
・友だちの 意見に うなずく

意見を言う

はい ぼくは「さっかあ」がしたいです

○○くん

意見を聞く

わたしは「なわとび」がしたいけど○○くんは「さっかあ」がしたいのだな…

意見をひとつにきめる

ぼくは「さっかあ」だったけど「なわとび」にかわりました

わたしも「なわとび」にさんせいです

わたしは「なわとび」にさんせいです

それでは「なわとび」が多いので「なわとび」でいいですか？

指導例 話し合いの進めかた〔45分〕

	教師のセリフと行動	留意点
導入（10分）	**1 子どもたちに発問する** ・子どもたちが答えやすいテーマで発問をする。 　「好きな食べ物は，何ですか。○○さん」 ・子どもは手をあげて発表する。 　「はい。私が好きな食べ物は，メロンです」 ・以上のやりとりを数人と繰り返す。 　「□□さん」 　「はい。僕が好きな食べ物は，おすしです」	●子どもが答えやすい質問 ①自分のことを発表するテーマ。例えば，「好きな食べ物」「好きな動物」など。 ②「何を」「どのように」答えるかがはっきりしていること。
展開（30分）	**2 子どもが発問する** ・「だれか先生の代わりをやってくれませんか？」と司会者を募り，司会者の仕事を確認したうえで，教師が助言を与えながら，引き続き同じテーマ発問を行う。 **3 簡単にできる発表の仕方を教える** ・「手をあげて，名前を呼ばれたら発表します。『私は○○が好きです』と言いましょう」 ・「指名されて考え中だったときには，『まだ，迷っています』と言いましょう」 ・「もし意見が変わったときには，『意見が変わりました』と言いましょう」 ・「提案や意見に賛成のときは，『いいです』と言いましょう」 **4 班ごとに話し合いを行わせる** ・教師が司会者を決める。 ・班ごとに机を合わせて班隊形を組み，まずは「自分のことを発表するテーマ」で話し合う。 ・慣れてきたら，一つに決めるテーマ（「朝の会で何を歌うか」「何をして遊ぶか」など）で話し合う。 ・"全会一致"や"多数決"を教え，班ごとに意見を一つに決めさせる。	●司会者の仕事は， ・始めと終わりのあいさつを行う ・発言者などを指名する ・会を進める の3つとする。事前にシナリオをつくっておき，教師と一緒に話し合いを進められるようにする。 ●発表に慣れていない子どもがいることも念頭に置き，「迷っているという意思を表すことも大切です」と伝える。 ●子どもたちだけで一つに決めることがむずかしい場合は随時教師が介入する。 ●班会議の進め方の例は「リーダーごっこ」(P.182)参照。
振り返り（5分）	**5 感想を発表させる**	

集団活動のスキル⑦

休み時間

低学年では友達との遊び方や遊びのルールを守ることを指導する。友達と遊ぶなかからトラブルも起こるが，そのつど話し合わせることで，友達とのつきあい方ルールを守ることの意義を少しずつ考えさせて，定着させていく。

楽しい休み時間のすごしかた

目標
・友だちを 遊びに さそう
・るうるを まもって 遊ぶ

友だちを遊びにさそう

いっしょに さっかあしよう

いいよ

るうるをまもって遊ぶ

こんどは○○くんが おにだよ

おっけい！

指導例	楽しい休み時間の過ごしかた〔45分〕	
	教師のセリフと行動	留意点
導入（10分）	**1　休み時間のトラブルを報告させる** ・これまでの休み時間の過ごし方について，気がついたことを子どもたちが発表する。 ・場合により，教師が問題状況を問いかける。（「教室で『危ない』と思ったことはないかな？」「ボールや遊具は平等に使えているかな？」「みんなで一緒に遊べているかな？」）	●「教室での遊び方」「遊具の使い方」「人間関係のトラブル」が中心となる。 ●子どもたちの間で，「何が問題かわからない」「力関係があって発言できない」場合など。
展開（30分）	**2　教師が司会を務め，改善策を話し合わせる** ①教師が問いかける ・「教室で運動してもいいかな？」 ・「ボールや遊具は早い者勝ちでいいかな？」「いつも同じ人が使っているのはどうかな？」 ②子どもたちの意見を，改善策として教師がまとめる ・「教室でしてよい遊びを決めましょう」 ・「ボールの使用について割り当てを決めましょう」 ・「班やクラス全員で一緒に遊ぶ日をつくりましょう」 ・「遊びへの参加はその人の自由にしましょう」 ③現時点でトラブルがある場合，解決策を話し合う ・当事者が言い分を話す。 ・全員で自分の行動について振り返る。 ・「これからは気をつけていこうよ」と前向きに後押しして，「どうすればよかったか」と「これからどうしていきたいか」を当事者が発表する。	●最も優先されるのは安全の確保である。これができていない場合には真っ先に議題に取り上げる。 ●室内での過ごし方は，学校の決まりにのっとって安全に留意して行わせる。一人遊びになりがちだが，許されるなら，トランプやすごろく，「震源地はどこだ」などの室内ゲームを紹介して，慣れるまで教師も一緒に遊ぶようにする。
振り返り（5分）	**3　活動を振り返る** ・まとめた解決策を学級のルールとして確認する。	●「学級のルール」は，紙に書いて教室に掲示する。 ●校庭の使い方や学校独自の決まりについては「学校のルール」として意識させる。

> 指導後には遊びの様子をのぞき，ルールどおりに行動できていたらこまめにほめて定着を図る。

集団活動のスキル⑧

並ぶ

学級が素早く並ぶことができると，全体への指示が通りやすくなり，次の活動にスムーズに移ることができる。また，教室移動や課外活動のときなど，整列した状態にあれば，子どもたち一人一人の安全を確認しやすい。

すばやくならぶこつ

目標・合図を 見て しずかに すばやく 自分の いちに いどうする

自分のいちを見つける

□じゅんのとき
わたしのいちは
（前・まん中・後ろ）の
ほうです

自分のいちをおぼえる

○○さん

○○くん

□じゅんのとき
わたしの前は□さん
わたしの後ろは□さん
わたしのとなりは□さん
です

指導例 "素早く並ぶコツ"の練習〔15分〕

	教師のセリフと行動	留意点
導入（5分）	**1　教師のハンドサインで並ぶことを説明する** ①ハンドサインの意味を教える ・指を2本掲げ、「これは2列のサインです」 ②2列背の順に並ばせる ・指を2本掲げ、「"2列背の順"と言ったら、背の低い順に並びます。いまから並んでみましょう。自分はこの辺かなと思うところに移動してみてください。違っていても後で先生が教えてあげます」 ・教師が位置のわからない子を一人ずつ誘導する。 ・教師が列を横から眺めて微調整して、整列させる。 ③自分の位置を覚えさせる ④名簿順に並ばせる ・"背の順"と同じに①〜③の手順で指導する。 ⑤"2列"から"4列"への動き方を教える ・指を4本掲げ、「これは4列のサインです。いまからちょっとだけ動きます」と言い、教師が一人ずつ誘導する。	●「名簿順とは、いつも健康観察で呼ぶ順番のことです」と説明する。このように、新しい用語を教えるときは、まずはヒントを示し、自発的に意味に気づかせると、語彙に慣れ、意味の定着が早い。 ●2列から4列への変形の仕方を低学年の子どもに委ねるのはむずかしい。場合によって、一人一人を誘導することも必要。
展開（7分）	**2　"整列ゲーム"を実施する** ・「自分の位置はもうバッチリかな。いま覚えたサインを使って"整列ゲーム"をします。何秒で並べるでしょうか？　ルールは、しゃべらないこと」 ①教師の前に並ぶように指示 ②合図を出し、並ばせる。教師はタイムを計る ③おおまかに並べたら教師が微調整し、列を完成させる ④①〜③を素早くできるようになるまで繰り返す ・時間があれば、体育館で走って集合し、並びかえる訓練も行う。	●30人の学級なら、20秒くらいで並び終わることが望ましい。 ●苦手な子には、だれの後ろに並ぶか覚えさせて、その子を目印にさせる。また、近くの子どもにさりげなく誘導させるとよい。
振り返り（3分）	**3　活動を振り返る** ・合図を使って楽しく素早く並べたことを確認する。 ・これから気をつけたいことを発表させる。	

> 4月の体育の授業で導入の指導を行い、それ以降も適宜練習させる。各自の位置を覚えるまで繰り返すことが大切である。

集団活動のスキル⑨
静かに注目する

教師の合図を決めておき，その合図によって話し合いや作業中でもただちに注目して静かに次の指示を待つ。これをリズミカルに楽しく行うことによって，明るい雰囲気で活動ができる。

注目の合図

目標・口を とじて 先生に 注目する

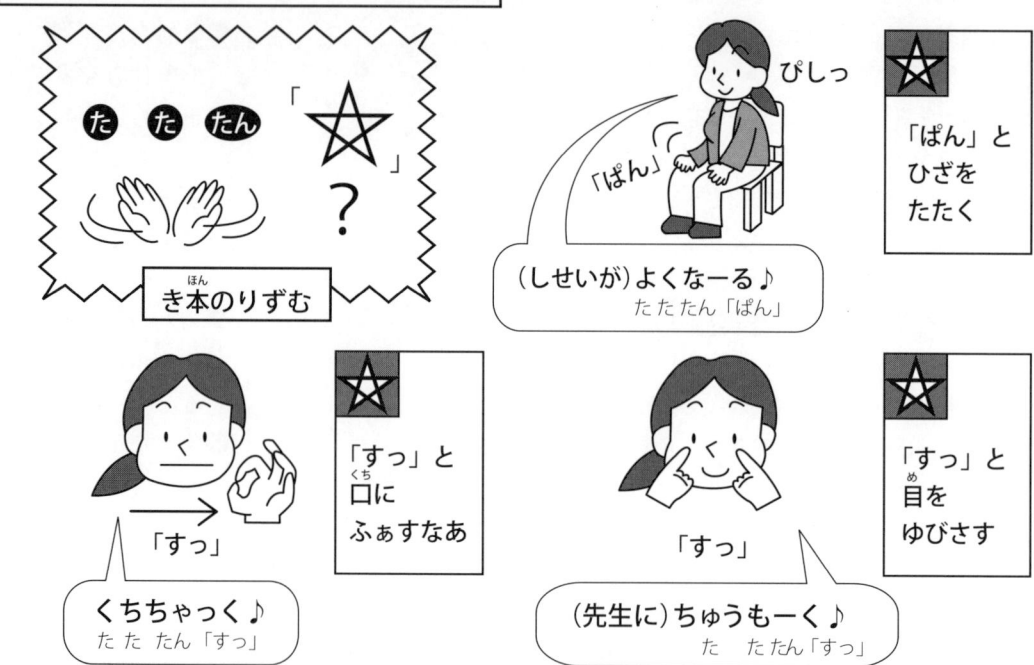

注目じゅんびの合図（まねしてみよう！）

き本のりずむ：た　た　たん「☆」？

（しせいが）よくなーる♪
た た たん「ぱん」
→「ぱん」とひざをたたく

くちちゃっく♪
た た たん「すっ」
→「すっ」と口にふぁすなあ

（先生に）ちゅうもーく♪
た　たたん「すっ」
→「すっ」と目をゆびさす

注目名人の合図（見つけたら、しずかに注目しよう！）

しぃ — 人さしゆびを口にあてる

手をあげて、よこにふる

指導例	注目の合図〔10分〕	

> 授業のオリエンテーションで最初の指導を行い，その後も繰り返し練習する。慣れてきたらリズムをアレンジする。ただし，あまり複雑なリズムにしないこと。

	教師のセリフと行動	留意点
導入（3分）	**1　注目準備の合図を教え，まねさせる** ・「いまから，リズムに合わせて注目の練習をしましょう。『♪タ・タ・タン・ぱん』が基本のリズムです。みんなも声に出しながら手拍子しましょう。さんはい……」 ①（しせいが）よ・く・な－・る ・「応用編その1。『タ・タ・タン・ぱん』で背筋を伸ばします。『（姿勢が）♪よくなーる』（『よくなー』は手拍子，『る』は両手で膝を叩く）。まねしましょう。さんはい……」 ②く・ち・チャッ・ク ・「応用編その2。『タ・タ・タン・すっ』で口を閉じます。『♪くちチャック』（『くちチャッ』は手拍子，『ク』は口にファスナーを閉める仕草）。まねしましょう。さんはい……」 ③（せんせいに）ちゅ・う・もー・く ・「応用編その3。『タ・タ・タン・すっ』で注目します。『（先生に）♪ちゅうもーく』（『ちゅうもー』は手拍子，『く』は自分の目を指さす）。まねしましょう。さんはい……」 **2　注目名人の合図を教え，まねさせる** ・「みなさん，上手ですね。では，新しい合図を教えましょう。いまからやる2つの合図はリズムを使いません」 ④人差し指を口に当てて，「シーッ」 ⑤手をあげて，左右にふる ・「合図に気づいた人から静かに注目して，周りの人にも教えてあげましょう。これができたらかなりの注目名人です」	●教師が合図を出したら，いつでもまねさせる。 ●「（姿勢が）」や「（先生に）」の部分を教師が言い，「よくなーる」「ちゅうもーく」の部分を子どもに言わせる。 ●ほかに，教師が「目と目を合わせて」と声をかけ，子どもが「手はお膝」と答えて注目する方法もある。 ●時間があれば，①〜⑤の合図は，全員がまねできるようになるまで繰り返す。
展開（5分）	**3　注目ゲームをする** ・隣近所で私語をさせて，騒がしい状況をつくる。 ・④と⑤の合図を出し，注目させる。 ・「いまのタイムは○秒でした。次は○秒をめざしましょう」と伝え，繰り返す。	●いちばん初めに合図に気づいた子，友達に教えていた子をチェックしておく。
振り返り（2分）	**4　活動を振り返る** ・「これからもいろいろな場面で使います。話し合いの途中や音楽の授業でも，合図を見つけたら注目しましょう」 ・これから気をつけたいことを発表させる。	●ゲーム中にチェックしておいた子をほめて，全体のモデルとする。

コラム③

提出物と配布物

配布物の配らせ方

　『提出物の出し方』（P54）と関連して，配付物の受け渡し方も，日常生活にとけ込ませたソーシャルスキルトレーニングの一つとして，指導したいものです。学年ごとにねらいをたてて，より自分たちで状況や目標を考えて動けるようにしていきます。以下に目標の例を示します。

> 【低学年の目標】
> ・全員に同じものが配られるとき，1つずつ取り，後ろに渡していく。
> 【中学年の目標】
> ・配達係を決めて，個人の名前を見ながら確実に配布する。
> ・受け取ったら，「ありがとう」の言葉がけをする。
> 【高学年の目標】
> ・授業に必要な配付物は，時間割と照らし合わせて，担任以外の教師とも教科リーダーが連絡を取り，自分たちで確実に用意しておく。

受け取った配布物の管理（クリアファイルの活用）

　学校で配られるさまざまな配布物をなくさずに家庭に持ち帰ったり，毎日提出するお便りノート（連絡帳）や宿題などを確実に提出する習慣を身につけさせることが大切です。

　そこで，クリアファイルが大いに役立ちます。B5が折らずに入るチャック付きのクリアファイル（できればA4がよいが，ランドセルに入るサイズとする）を用意して，中に入れるものを書いたシールをはると，だれでも無理なく配布物・提出物をまとめて管理できます。

第4章

友達関係のスキル

　本章では，学級集団のなかで友達とかかわるルール（CSS）を取り上げます。たとえば，話す・聞くなど，コミュニケーションをとる際のスキル，グループ活動のリーダーシップやフォロアーシップのあり方などです。

　スキルの全体像と扱いの時期については，巻末のスキル一覧（P200～201）をご覧ください。ただし，これはあくまで標準的な目安です。子どもたちの実態，学級集団の状態に応じて，弾力的に運用してほしいと思います。

　集団生活・活動の体験の少ない低学年では，人とかかわる体験そのものに十分に慣れさせることが大切です。対人関係の基本となる行動を無理なく身につけることで，「人とかかわることは楽しい」という体験をさせることを第一目標にします。

　そのためには，基本的な行動の様式を，まず型として身につけさせることが大切です。「こういうときに，こうふうにしたら，もっと気持ちよくみんながすごせるね」と，教師が積極的に教えていく必要があります。

友達関係のスキル1

「おはよう」「さようなら」という基本的なあいさつをする

あいさつは人間関係づくりの第一歩であり，なかでも「おはよう」「さようなら」などの基本的なあいさつは，自分からすすんでできることが大切である。ここでは抵抗なく取り組めるように，朝の会や帰りの会でいっせいに行う定番のあいさつの後に，一対一であいさつをする場を設定し，気持ちよいあいさつの仕方を型として教え，それを体験させる。

おはよう名人　さよなら名人

おはようタイム
朝の会の前とあわせて10人以上とあいさつする

おはよう
おはよう
おはよう

さよならタイム
帰りの会で5人以上とあいさつする

さようなら
また明日遊ぼうね　さようなら

振り返り

・全員が目標を達成できたらシールをはる。

朝の会　🍎シール
帰りの会　🍓シール

学習時期の目安	1年生1学期はじめ
チャレンジ期間	2週間
スキルの種類	配慮☐　かかわり☑

目 標	・相手が気持ちよい「おはよう」や「さようなら」を考えて，自分から言う
チャレンジの手順	①チャレンジの仕方について説明を聞く ▶▶▶▶▶▶▶▶▶▶▶▶▶▶▶▶▶▶▶ 次ページ参照 ②毎日の朝の会で「おはようタイム」を行う ・先生と全員であいさつする。 ・まだあいさつしていない友達をさがし，朝の会の前と合わせて10人以上に「おはよう」と言う。 ・みんなができたら，「げん木」に「リンゴシール」をはる。 ③毎日の帰りの会で「さよならタイム」を行う ・5人以上の人と，握手をして「さようなら」と言う。そのとき，「また明日遊ぼうね」「かぜ早く治してね」などとひとことをつけ足す。 ・みんなができたら「げん木」に「みかんシール」をはる。 ・最後に全体で「さようなら」を言って帰る。 ④2週間後に振り返りを行う ・「げん木」がシールでいっぱいになったら，全員に「おはよう・さよなら名人しょうめいしょ」を発行する。
チャレンジ期間中の支援	・帰りの会で，「朝，自分からあいさつできた人」「気持ちよいあいさつができていた人」を発表させたり，教師が取り上げてモデルにしたりする。 ・「おはようタイム」「さよならタイム」の前に，昨日よかったところや今日のポイントを伝える。 ・自分からはなかなか行動を起こせない子には，教師から積極的に声をかけたり，他の子をさりげなく行かせたりする。

留意点

・一人一人と直接握手をしながらあいさつを交わす場面を設定する。繰り返しいろいろな人とあいさつさせることで，まだ親しくない友達とかかわることへの抵抗を軽減させたい。
・慣れてきたら，先生に言われなくても，シールがなくてもあいさつができ，家でも「おはよう」「ただいま」「おやすみ」をきちんと言えるのが名人であることを確認し，挑戦させる。

今後の展開

・「あいさつバージョンアップ大作戦」（P86）に発展させて，さらに高度なあいさつをめざす。
・たくさんのマナーに気づき，臨機応変に対応できるように，「めざせ！　マナー名人!!」（P98）のマナーカルタを行う。

友達関係のスキル1

「おはよう」「さようなら」という基本的なあいさつをする

チャレンジの説明　おはよう名人　さよなら名人

―学活20分―

教師のセリフと行動	留意点
1　チャレンジの意義を説明する ・朝，友達に会ったときには何と言いますか？（反応を受けて），そうです。「おはよう」ですね。友達に「おはよう」と言われるとどんな気持ちになりますか？（反応を受けて），そうですね。元気が出てきますね。 ・では，学校から帰るときには何と言いますか？（反応を受けて），そうです。「さようなら」ですね。友達に「さようなら」と言われるとどんな気持ちになりますか？（反応を受けて），そうですね。また明日学校に来ようという元気が出てきますね。 ・「おはよう」「さようなら」は，みんなが元気になるあいさつの言葉です。 **2　朝の会の「おはよう名人」について説明する** ・明日から朝の会に「おはようタイム」をつくります。 ・先生とあいさつした後，まだ「おはよう」と言っていないお友達を探してあいさつします。先生の合図があるまで，朝の会が始まる前に言った人とあわせて10人以上をめざします。1日がんばろうね，仲よくしようねという気持ちを込めて言います。コツは，<u>相手の目を見る</u>，<u>笑顔で元気よく</u>，<u>アクションをつける</u>，です。 ・どんなアクションをつけると気持ちが伝わるかな？（反応を受けて），そうですね，おじぎする，手をあげる，ハイタッチをする，などがありますね。 **3　帰りの会の「さよなら名人」について説明する** ・帰りの会には，「さよならタイム」をつくります。 ・5人以上の人と，握手をして「さようなら」を言います。 ・「さようなら」を言うときには，「また明日遊ぼうね」「かぜ早く治してね」などと，ひとことをつけ足します。まだ言っていない「ごめんね」や「ありがとう」も言えたら，かなりの名人です。 ・最後にみんなであいさつして帰ります。 **4　「げん木」について説明する** ・全員が目標を達成できたら，「げん木」にシールをはります。 ・「げん木」がたくさんの実でいっぱいになったら，全員に「おはよう・さよなら名人証明書」（資料5）をあげます。 ・さっそく今日の帰りの会からチャレンジしてみましょう。	●資料1を黒板に提示。 ●資料2を黒板に提示。 ●朝の会の進め方はP60参照。 ●資料3をはって読み上げる。 ●意見が出たアクションを，実際にやってみる。 ●帰りの会の進め方はP60参照。 ●実際にやってみる。 ●資料4を掲示する。 ●指導した日の「さよならタイム」から始める。 ●司会の子どもも参加できるように，開始と終了の合図は教師が行う。

資料3：あいさつ名人になるコツ

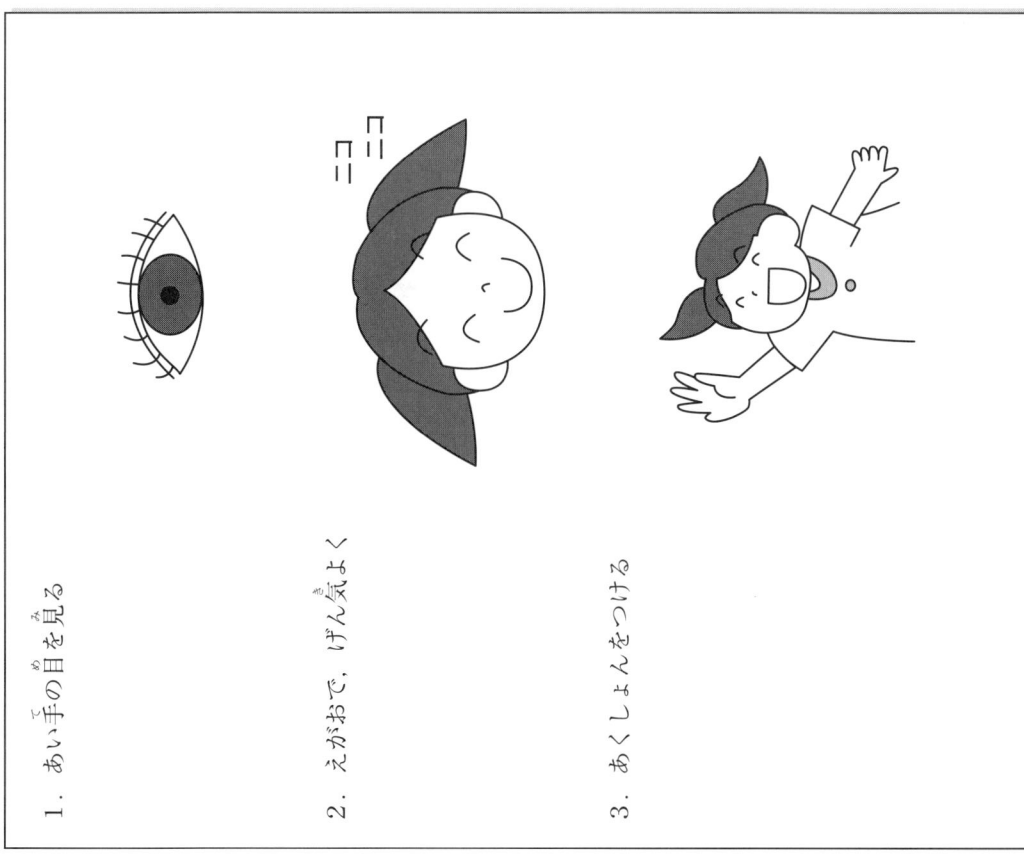

1. あい手の目を見る

2. えがおで、げん気よく

3. あくしゅんをつける

資料1：朝、友達と会ったときは？

資料2：学校から帰るときは？

資料4：げん木

げん木にたくさんみをつけよう：　本目(ほんめ)

めざせ！"おはよう""さよなら"名人(めいじん)

げん木(き)

りんご 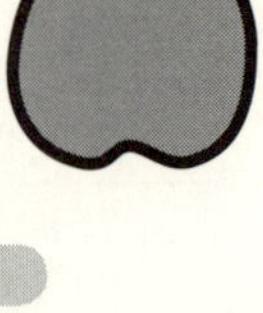　　りんご　　みかん 　　みかん

資料5：おはよう・さよなら名人証明書

> **おはよう・さよなら名人しょうめいしょ**
>
> 　　　年　　　組　　　　　　　さま
>
> あなたは，いっしょうけんめいしゅぎょうをし，
> りっぱに，おはよう・さよなら名人になったことを
> しょうめいします。
>
> 　　　　　　　　　　　　　　　月　　　日
>
> 　　　年　　　組　たんにん＿＿＿＿＿＿＿

資料6：チャレンジのメダル

・学級の実態によっては，「おはようタイム」「さよならタイム」のときに下記のメダルを首にかけて，星に色をぬるようにすると盛り上がる。また，一人一人の目標が明確になる。

> めざせ！
>
> おはよう名人
> さよなら名人
>
> 名前＿＿＿＿＿＿＿

友達関係のスキル2

「おはよう」「さようなら」という基本的なあいさつをする

「おはよう」「さようなら」という基本のあいさつができるようになったら，それに一言を添えるようにする。すると，とおり一遍のあいさつが目の前の相手に向けた個人的なものになり，お互いの関係をぐっと近づけ，心を許し合える仲間に発展していく。ここでは，その気持ちよさを味わうとともに，決められた場面以外でもあいさつができるように広げていく。

あいさつバージョンアップ大作戦

おはようタイム
バージョンアップ編　ー朝の会ー

あいさつに一言加えるといままでよりももっと仲よくなれます

おはよう今日は体育があるので楽しみです

さよならタイム
バージョンアップ編　ー帰りの会ー

さよなら給食のデザートおいしかったね

やり方
P.80の「おはよう名人さよなら名人」のやり方で，あいさつのときに気持ちのわかる一言を加える。

「おはよう」＋　ひとこと

「さようなら」＋　ひとこと

学習時期の目安	2年生1学期
チャレンジ期間	1週間
スキルの種類	配慮☑　かかわり☐

目標	・あいさつの言葉に，気持ちを添える一言をつけ加える
チャレンジの手順	①チャレンジの仕方について説明を聞く ▶▶▶▶▶▶▶▶▶▶▶▶▶▶▶▶▶▶▶▶▶▶ 次ページ参照 ②毎日の朝の会で「おはようタイム・バージョンアップ」を行う ・教師と全員で「おはようございます」のあいさつをする。 ・日直がサイコロを振り，お題を決める（P89の"資料2"参照）。 ・お題の条件に合う人と，握手をして「おはよう＆一言」を言い合う。 　例「おはよう。体育のサッカーの試合が楽しみです」 　　「おはよう。今日はけんかしないで仲よくしたいです」 ③毎日の帰りの会で「さよならタイム・バージョンアップ」を行う ・日直がサイコロを振り，だれとあいさつをするか，お題を決める。 ・お題の条件に合う人と，握手をして「さようなら＆一言」を言い合う。 　例「さようなら。今日は逆上がりができてうれしかったです」 　　「さようなら。今日は給食のデザートジャンケンで勝って最高でした」 ・最後に，教師と全員で「さようなら」のあいさつをする。 ④1週間後，体験してどんな気持ちになったかを振り返る
チャレンジ期間中の支援	・子どもたちの様子を観察し，上手にあいさつができている子を全体へ紹介したり，肯定的にフィードバックをしたりして盛り上げる。 ・チャレンジカード（P192）を2枚用意し，「おはよう」「さようなら」について自己評価させる方法もある。その場合，振り返りの時間をどこかで設定する必要がある。

留意点

・あいさつをする相手の条件を定期的に変え，できるだけ大勢の人と交流ができるように配慮する。ただし個人差に配慮し，同じ班の人には必ずあいさつをするなどの条件も設ける。
・あいさつのときの表情や声の調子，身振りなどの非言語的な表現の効果に気づかせる。

今後の展開

・朝の会や帰りの会だけでなく，朝，教室に入る前に出会ったときなども「おはよう」を言うチャンスである。「先に教室にいた人から声をかける」などのルールを定め，徐々にあいさつをする場面を広げて理解させていく。「さようなら」についても同様である。

友達関係のスキル2
「おはよう」「さようなら」という基本的なあいさつをする

チャレンジの説明　あいさつバージョンアップ大作戦
―学活20分―

教師のセリフと行動	留意点
1　チャレンジの意義を説明する ・これまで，朝の会の「おはようタイム」，帰りの会の「さよならタイム」で，あいさつの修行をしてきました（P80参照）。 ・今日からは，あいさつに，気持ちのわかる一言をつけ足します。名づけて「あいさつバージョンアップ作戦」です。 ・たったこれだけで，ただのあいさつより，お互いの心がぐっと近づきます。 **2　「おはようタイム」のバージョンアップを説明する** ・「おはよう」は一日のスタートの言葉です。その日に楽しみなことや，今日はこうしたいなと思う一言をつけ足します。 　例「おはよう。体育のサッカーの試合が楽しみです」 　　「おはよう。今日はけんかしないで仲よくしたいです」 **3　「さよならタイム」のバージョンアップを説明する** ・「さようなら」は，ただの別れの言葉ではありません。「また明日会おう」「月曜日に会おう」という約束の気持ちが込められています。全員が「明日も楽しみだなあ」という気持ちになる一言を加えたいと思います。 　例「さようなら。今日は逆上がりができてうれしかったです」 　　「さようなら。今日は給食のデザートジャンケンで勝って最高でした」 **4　さわやかなあいさつのコツを説明する** ・ところで，気持ちのよいあいさつは，言葉だけではできません。態度でも示さないと伝わりませんね。 ・<u>さわやかなあいさつのコツ</u>は，次のとおりです。 ・コツの4は，相手によって態度を変えないという意味です。自分にはいいかげんで次の人にていねいだったら感じ悪いですね。 **5　あいさつをする相手について説明する** ・同じ人とばかりあいさつをしていると，仲よしは増えません。たくさんの人のことを知ってほしいので，だれとあいさつをするか，毎日お題を出します。これがお題です。お題は日直がサイコロをふって決めます。でも，同じ班の人には必ずあいさつをしてください。 ・では，明日から行うので楽しみにしていてください。	●P80の「おはよう名人」「さよなら名人」を受けた活動として設定してある。いきなりこの活動から入るのはむずかしいので，げん木シールや証明書などを省略した形を1週間体験後に，この活動に入ることをすすめる。 ●例をあげてイメージをもたせる。 ●例をあげてイメージをもたせる。 ●あいさつのコツに「非言語的な表現」を加える。 ●資料1を拡大して提示する。 ●資料2を提示する。ここではサイコロを使って，日直に選ばせる展開であるが，実態に応じては，1番から順にやり，慣れたあとで，朝の会・帰りの会のプログラムとして定着させる。

資料1：さわやかなあいさつのコツ

さわやかなあいさつをするには

❶ よそ見しないであい手の目を見る

❷ てれたり，ふざけたりしない

❸ 明るく楽しくにっこりと

❹ みんな同じに

資料2：お題の例

あいさつバージョンアップ大作戦のお題

1. となりのはんの人
2. 後ろや前のはんの人
3. あまり話をしたことがない人3人
4. もっと話したい人3人以上
5. 男子は，女子と5人以上
   女子は，男子と5人以上
6. 自由にだれとでも5人以上

友達関係のスキル3

何か失敗したときに「ごめんなさい」と言う

子どもたちのトラブルを見ていると，たいていはとても些細なことが原因で，すぐに「ごめんなさい」が言えれば解決するものも多い。何でもあやまれば済むわけではないが，あやまり上手であることは，友達関係の形成や維持に影響する。そこで相手に迷惑をかけた瞬間や，何か失敗をしたすぐそのときに，瞬間的に「ごめんなさい」を言うことを奨励し，習慣化させたい。

上手なごめんなさい！！

① お話を聞く

ポンタがぶつかっても怒らなかったのはなぜでしょう

ハイ
ハイ

② ごめんなさいのコツを考える

ごめんなさいのコツ
① すぐに言う
② おおきく、はっきり言う
③ まじめな顔で言う

③ 1週間、チャレンジする

あ、ごめんなさい

ドン

④ 帰りの会で、上手にできていた人を発表する

ぶつかったとき「ごめんなさい」をすぐに言ってくれました

エヘヘ

学習時期の目安	1学期
チャレンジ期間	1週間
スキルの種類	配慮☑　かかわり☑

目　標	・失敗したら，すぐに，はっきりと，真剣な顔で「ごめんなさい」と言う
チャレンジの手順	①チャレンジの仕方について説明を聞く ▶▶▶▶▶▶▶▶▶▶▶▶▶▶▶▶▶▶▶▶▶▶▶ 次ページ参照 ②1週間，それぞれが「上手なごめんなさい」にチャレンジし，毎日の帰りの会で，「上手なごめんなさい」が言えていた人を紹介し合う ・はじめのうちは，タイミングよく「ごめんなさい」が言えた子を紹介し合うことで，取り組みを盛り上げる。 ・第二段階として，言われて気持ちよかった「ごめんなさい」を子ども同士が紹介し合う。
チャレンジ期間中の支援	・ときどき，不意に教師が「～のときは……」とお題を読み上げ，瞬間的に「ごめんなさい」を言う練習をする。 ＜お題の例＞ ・となりの人の牛乳をこぼしちゃったら…… ・机にぶつかってずれちゃったら…… ・足を踏んじゃったら…… ・物を落としちゃったら…… ・人の体に当たったら……

留意点

- 言葉と態度はセットになっていないと気持ちが伝わらないことを理解させたい。
- 謝罪すると，自分もすっきりすることに気づかせたい。
- ペープサートは，うちわに動物の顔のイラストをはりつけて作ると簡単にできる（P196,197）。
- 帰りの会にその日にまだ言うことができていない「ごめんなさい」を言う時間として，「ごめんなさいコーナー」を設ける。言えたら評価する。

今後の展開

- チャレンジ終了後は，人に認められなくても当たり前に「ごめんなさい」が言えることが達人であることを理解させ，各自に取り組ませる。子どもたちの様子を継続的にフィードバックして，学級全体に定着したことを評価する。
- 2年生では，「ごめんねビンゴ」（中学年編参照）を通して，どんな場面であやまるとよいか，理解を深めてもよい。

友達関係のスキル3
何か失敗したときに「ごめんなさい」と言う

チャレンジの説明　上手なごめんなさい!!

―学活30分―

教師のセリフと行動	留意点
1 チャレンジの意義を説明する ①物語を話す ・動物村のあるクラスでは，たぬきのぽんたときつねのこんきちが，ゲームの話をしていました。そして，その後ろではヒグマのくまべえがお絵かきをしていました。 ・ゲームの話に夢中になっていたぽんたのひじが，くまべえの肩にあたって，描いていた絵の線がぐにゃっと曲がってしまいました。 ②ぽんたがあやまらなかった場面を予想させる ・そのとき，くまべえはどうしたでしょう。予想を発表してください。 ＜予想される例＞ ・「なにすんだよ」と言ってくまべえがやり返して，「わざとじゃないよ」とぽんたもやり返しけんかになる。 ・「ぶったな！ゆるさないぞ!!」と，くまべえがとびかかる。 ③ぽんたがあやまった場面を予想させる ・でも実は，くまべえはおこりませんでした。それはなぜでしょう。 ・（あやまったという反応を受けて），そのとおり，ぽんたはひじがあたった瞬間にあやまりました。 ④ぽんたがあやまった場面をロールプレイする ・では，だれかぽんたになって言ってみてください。 ⑤謝罪のポイントをまとめる ・<u>上手なごめんなさいのコツ</u>を言います。 　①「ごめんなさい」がおくれるとけんかになります。だから，<u>すぐに</u>言うことが大切です。 　②もじもじして小さい声だと相手に聞こえません。<u>大きく，はっきり</u>言うことが大切です。 　③にやにやしたり，わざとらしかったり，変な言い方をすると，本当は悪いと思っていないんだなと思われてしまいます。「ごめんなさい」は<u>まじめな顔</u>で，気持ちを込めて言いましょう。 **2** 「ごめんなさい」を練習をする ・これから，先生がいろいろなお題を出します。みなさんは，「上手なごめんなさい」を言う練習をしてください。 **3** チャレンジの仕方を説明する ・1週間，帰りの会で，上手なごめんなさいが言えた人を，紹介し合います。みんながマスターできるようにがんばりましょう。	●資料1のストーリーをペープサート（P196）で子どもに見せる。 ●子どもから出た意見をペープサートで再現する。 ●代表者がペープサートで再現する。 ●コツを黒板に提示（P90イラスト参照）。 ●場面に合った言い方で，「ごめんなさい」にさまざまなアクションをつけて子どもたちに言わせる。

資料１：動物村のお話（ペープサート）

①ぽんた・こんきちが話をし，くまべえがお絵かきをしている教室場面

　動物村の小学校には，たくさんの動物たちがいます。ある１年生のクラスでは，たぬきのぽんたときつねのこんきちが，ゲームの話をしていました。そして，その後ろではヒグマのくまべえがお絵かきをしていました。

②ぽんたのひじがくまべえの肩にあたって絵がぐにゃっとなった場面

　ゲームの話に夢中になっていたぽんたのひじが，とつぜんくまべえの肩にあたって，描いていた絵の線がぐにゃっと曲がってしまいました。
　そのときくまべえはどうしたでしょう。

③くまべえがにっこりしている場面

　実は，くまべえはおこりませんでした。

友達関係のスキル4

何かしてもらったときに「ありがとう」と言う

何かしてもらったときに「ありがとう」のひとことが自然に出ると，ふっと緊張が解け，お互いにあたたかい気持ちになる。初めのうちは場面を設定する必要があるが，それを繰り返すうちに習慣になり，自然に「ありがとう」が出るようになる。

どうぞ！ありがとう!!

やり方

3つの場面では、必ず「ありがとう」を言う

「ありがとう」が言えたら「ありがとう貯金箱」(P.97)のコインに色をぬる

② 郵便リレー

ありがとう

① 配るとき

どうぞ
ありがとう

③ 給食当番へ

ありがとうございます

学習時期の目安	1学期
チャレンジ期間	1週間
スキルの種類	配慮☑　かかわり☑

目標	・何かしてもらったとき，すぐに「ありがとう」と言う
チャレンジの手順	①チャレンジの仕方について説明を聞く ▶▶▶▶▶▶▶▶▶▶▶▶▶▶▶▶▶▶▶▶▶▶▶▶▶ 次ページ参照 ②学級生活の決められた場面で「どうぞ」「ありがとう」にチャレンジする ・教師の指示に従って，3つの場面（前ページのイラスト参照）で「どうぞ」「ありがとう」を言う。 ・言えたら「ありがとう貯金箱」のコインに色をぬる。 ③決められた場面以外での「ありがとう」にチャレンジする ・3つの場面以外でありがとうを言うチャンスを，自分で見つけて言う。 ・言えたら「ありがとう貯金箱」のコインに色をぬる。 ④帰りの会の「ありがとう・ごめんなさいコーナー」で振り返る ・一日のなかで言えなかった「ありがとう」を言い直す。 ⑤1週間の最後に，感想とがんばりたいことを考える
チャレンジ期間中の支援	①子どもに3段階のゴールを示し，チャレンジ意欲を刺激する ・第一段階は，「決められた場面や指示された場面で言う」。 ・第二段階は，「帰りの会で自分で思い出して言う」。 ・第三段階は，「自分でチャンスを見つけ，すぐそのときに言う」。 ②決められた場面以外で「ありがとう」を言えた子をメモしておき，全体の前でほめてモデルにする

留意点
・1年生に限らず，4月当初に「どうぞ」「ありがとう」と言う体験を重ねること，その後にマナーとしての確認を繰り返すことが，習慣化への第一歩である。

今後の展開
・2年生では，「ありがとうビンゴ」（中学年編参照）を通して，どんな場面で言うとよいかを理解させる展開もある。

友達関係のスキル４
何かしてもらったときに「ありがとう」と言う

チャレンジの説明　どうぞ！ありがとう！！

―学活20分―

教師のセリフと行動	留意点
1　チャレンジの意義を説明する ・何かしてあげたときに「ありがとう」と言われるとうれしくなりますね。「またやってあげたい」「これからも親切にしよう」と思います。 ・「ありがとう」を言う人が増えると，どんどん仲よしが増えて，とても楽しいクラスになるのです。みんなが「ありがとう名人」になれるように修業をしましょう。 **2　必ず「ありがとう」を言う場面を説明する** ・これから，必ず「ありがとう」を言うときを決めます。それは次の3つです。 ①係に自分の物を配ってもらったとき ・係は「どうぞ」と言って渡します。受け取る人は「ありがとう」と言って受け取ります。 ②郵便リレーのとき ・お手紙を前から後ろに順番にリレーするときは，必ず後ろを向いて，相手の手に「どうぞ」と渡します。受け取ったら，「ありがとう」です。 ③給食当番が配り終わったとき ・給食当番さんが席に着いたら，日直（いただきます係）の合図でみんなで「給食当番さん，ありがとうございました」と言います。給食当番は「どういたしまして」と応えます。 **3　「ありがとう貯金」のやり方を説明する** ・もちろん，3つのときのほかにも，何かしてもらったときには「ありがとう」を言います。たとえば，鉛筆や消しゴムを拾ってもらったときにも「ありがとう」と言えるといいですね。ほかには，どんなときに「ありがとう」と言うとよいですか。 ・（反応を受けて）そうですね。 ・もし，「ありがとう」が言えたら，「ありがとうちょきんばこ」のコインに色をぬります。 ・帰りの会に「ありがとう・ごめんなさいコーナー」をつくります。言えなかった「ありがとう」をもう一度言うチャンスです。 ・1週間，「ありがとう貯金」がいっぱいたまるようにがんばりましょう。	●P94のイラストを拡大して掲示する。 ●「ありがとうちょきんばこ」（P97）を拡大して掲示する。あるいは，「ありがとうの木」（P84のワークシートを転用）に，シールをはるという展開もある。

ありがとう ちょきんばこ

年(ねん)　組(くみ)　名前(なまえ)＿＿＿＿＿＿＿＿＿

☆何(なに)かしてもらったときには「ありがとう」と言(い)います。
☆ちゃんと言(い)えたら，下(した)のこいんに色(いろ)をぬりましょう。

☆かんそうやこれからがんばってみたいことを書(か)こう

友達関係のスキル5

必要な場面で必要な言葉をすぐに言う

「ありがとう」「ごめんなさい」は，必要な場面でタイミングよく言うことが大切であり，それ以外にも，タイミングのよいひとことが，よい人間関係に影響する場面は多い。ここでは，場面と行動が表裏に書かれたマナーカルタを活用して，いままで学習してきた言葉のスキルを反射的に出せるように定着させたい。それが，結果的に言葉のマナー違反を防止することにつながる。

めざせ！マナー名人!!

やり方
「場面」と「行動」をセットにしてあいことばのように覚える。

例
・ぶつかったら…
　「ごめんなさい」
・親切には…
　「ありがとう」
・シュートをはずしたら…
　「ドンマイ」

カルタにして練習

ふだんも確認

学習時期の目安	いつでも
チャレンジ期間	継続して
スキルの種類	配慮☑　かかわり☐

目　標	・必要な場面で必要な言葉を反射的に言えるようになる
チャレンジ の手順	①チャレンジの仕方について説明を聞く ▶▶▶▶▶▶▶▶▶▶▶▶▶▶▶▶▶▶▶▶▶▶▶ 次ページ参照 ②授業，朝の会・帰りの会などで練習する ・マナーカルタの3つのステージに，1段階ずつチャレンジしていく。 ③毎回の活動の終わりに振り返る
チャレンジ 期間中の 支援	・一定のチャレンジ期間を設けているわけではないので，カルタの各ステージを達成するごとに，証書，免許状，メダルなどを与え，表彰するなどの方法がある。

留意点

- マナーカルタは，教示用の拡大版を1セット，ゲーム用の通常版を最低でも1セット，事前に用意しておく。
- とくにステージにこだわらず，学習したところから，復習の意味を込めて定期的に取り組む方法も効果的である。
- 白紙のカルタには，クラスで話し合って"場"面と"行動"面を組み合わせながら，内容を書き込むとさらに効果的である。
- 「おはよう」「さようなら」(P80, 86)，「ごめんなさい」(P90)，「ありがとう」(P94)の指導の合間に入れて指導していくとよい。
- マナーカルタは1年生用に全部ひらがな表記にしてあるので，2年生で使用する場合は，習ったものはカタカナ・漢字に改めるとよい。

今後の展開

- 第1ステージのカルタをクリアしたら，第2，第3ステージと一段階ずつレベルアップしていく。
- 慣れてきたら展開に一工夫加えるのもよい。例えば，「日直がお題を読み上げ，全員が答える」「グループで読み手と取り手に分かれる」「グループ対抗戦をする」などの方法がある。
- 毎週月曜日にカルタからいくつかを選んで取り組むなど，定期的に行う方法もある。

友達関係のスキル5
必要な場面で必要な言葉をすぐに言う

チャレンジの説明　めざせ！マナー名人！！

―学活20分―

教師のセリフと行動	留意点
1　チャレンジの意義を説明する ・今日はみんながどれくらいマナーをマスターしたか，「マナーカルタ」を使ってテストをしてみます。これを全部マスターできたら，みんなが毎日を気持ちよく過ごせます。 ・マナーカルタには3つのステージがあります。今日は，第1ステージにチャレンジしてもらいます。楽しみですねえ。 **2　マナーカルタのやり方とルールを説明する** ・やり方を説明します。まず，このカルタの表にはお題が書いてあります。例えばこの札は「あさ，ともだちにあったら」です。 ・裏にはそのときに言う言葉が書いてあります。この札だったら「おはよう」です。 ・先生がお題を読みます。そうしたら，みんなは答えをすぐに言ってください。そのとき，同時に先生はカルタをひっくり返します。ちょっとやってみます。 **3　マナーカルタを読み合わせる** ・(カルタの"場"面を提示して) 朝，友達に会ったら……？ ・(子どもが答えたら，カルタの"行動"面を提示して) 正解，おはようです。上手ですね。その調子で第1ステージに挑戦していきましょう。 ・次は，言葉だけでなく，アクションもつけてみましょう。 **4　テンポを上げて練習する** ・では，もう一度第1ステージのカルタをやってみましょう。今度は少しスピードを速くしますよ。がんばってください。 **5　結果を発表する** ・第1ステージのクリアおめでとう。今日の帰りの会で表彰式をやります。 ・次回は第2ステージにチャレンジしましょう。 ・これからもときどきこのマナーカルタをやって，みんなで言葉のマナー名人をめざしましょう。	●拡大版カルタの"場"面を提示。 ●拡大版カルタの"行動"面を提示。 ●子どもたちに答えさせる。 ●様子を見て，メトロノームを使ってスピードを上げていくと盛り上がる。 ●賞状などは事前に用意しておく。

マナーの達人カルタ　第１ステージ

あさ，ともだちにあったら	おはよう
あさ，先生(せんせい)にあったら	おはようございます
じぶんのしっぱいは	ごめんなさい
ともだちのしんせつには	ありがとう
おひるのあいさつ	こんにちは
よるのあいさつ	こんばんは
ねるときのあいさつ	おやすみなさい
かえるときには	さようなら

使い方：①実線で切り取る。②点線で山折りしてはり合わせる。③空欄のカードにはみんなで考えた内容を書く。

マナーの達人カルタ　第2ステージ

ようじをたのむときは	おねがいします
わたすときには	どうぞ
うけとるときには	ありがとう
わかれるときには	またね
ぶつかったら	ごめんね
ごおるをしっぱいしたら	ごめん
うれしいときには	がっつぽおず
おもしろいときには	わっはっは

マナーの達人カルタ　第3ステージ

ごおるをきめたときは	やったー！
ころんだともだちには	だいじょうぶ？
けしごむかりたら	ありがとう
ぎゅうにゅうこぼしたら	（ふくのと同時に）ごめん
ともだちのごおるには	ないすしゅうと
ともだちのしっぱいには	どんまい
大人のしんせつには	ありがとうございます

使い方：①実線で切り取る。②点線で山折りしてはり合わせる。③空欄のカードにはみんなで考えた内容を書く。

友達関係のスキル6

相手に聞こえるような声で話す

「相手に聞こえるような声」とは，ただ単に大きい声をいうのではない。大きすぎると相手や周囲の迷惑になり，かといって小さすぎたりボソボソと話したりすると伝わらない。集団生活では，場や状況に応じて声の大きさを加減し，ちょうどよい声で話すことが大切なマナーであることに気づかせたい。

ちょうどよい声

やり方

① 声の大きさのレベル 0～4を説明する

② それぞれの大きさの声を実際に出して練習する

③ 毎日の生活の中で声の大きさのレベルを意識する

④ 大きすぎも小さすぎもよくないことに気づかせる

学習時期の目安	1年生1学期
チャレンジ期間	継続して
スキルの種類	配慮☐　かかわり☑

目　標	・場面に応じて，5段階の声の大きさで話す

チャレンジの手順	①チャレンジの仕方について説明を聞く ▶▶▶▶▶▶▶▶▶▶▶▶▶▶▶▶▶▶▶▶▶▶▶▶ 次ページ参照 ②資料（P107）を見て，それぞれの場面での，ちょうどよい声の大きさを意識する ・教師や友達の話を静かに聞く場面では，資料の0の声を意識する。よい姿勢（P46参照）にも注意を向ける。 ・2人で話す場面では，1の声を意識する。<u>話すときは相手の方を見ること</u>，<u>聞くときは相手を見てうなずくこと</u>をつけ足す。 ・班やグループで話し合う場面では，2の声を意識する。<u>話し手は下を向かずにみんなの顔を見ながら話すこと</u>，<u>聞き手は話し手の方に体を向け，うなずきながら聞くこと</u>をつけ足す。 ・クラスで話し合う場面では，3の声を意識する。話し合いのための机の配置に合わせて，話し手の視線の向け方や聞き手のめあてをつけ足す。
チャレンジ期間中の支援	・声のレベル0〜4各々を示すもの（動物を描いたうちわやカード）を作成し，左ページのイラストのように，必要に応じて提示する。 ・声が小さすぎた場合と大きすぎた場合の影響について，そのつど，具体的な例をあげて理解させる。自分の行動と周りへの影響を直接結びつける体験をすることで，集団生活にはルールやマナーが大切なことに気づいていく。ここを低学年で押さえることで，ルール意識が高まる。

留意点

- 声のレベルを説明するときには，実際にその場で声を出して大きさの感覚をつかませる。また，音読などを活用して1〜3の声を体験すると定着しやすい。
- 学級の実態によっては，「上手な話の聞き方」（P108参照）と同時に指導するほうが効果的な場合もある。

今後の展開

- 子どもたちが言われなくてもできるようになることが目標。ただし低学年の場合は，定着したと思った後も，ときどき，活動場面で取り上げて意識させ，できたことを認める。
- 徐々に資料の常掲のみにしていく。上手にできている子をほめ，モデルにするとよい。

友達関係のスキル6

相手に聞こえるような声で話す

チャレンジの説明　ちょうどよい声

―国語15分―

教師のセリフと行動	留意点
1　声のレベル０～４を説明する ・これは、声のものさしです。 ・レベル０～４の大きさを、一つ一つ確認していきましょう。 ①人の話を聞くときの声は０の声です ・先生や友達が話をしているときに、聞いている人がおしゃべりをしたらどうなりますか。（反応を受けて）そうです、何を話しているかわからなくなりますね。だから、お口にチャックをしてしゃべりません。 ・では、練習してみましょう。「シーン」 ②ふたりで話し合いをするときには、１の声です ・ミツバチの羽の音くらいの大きさです。大きすぎるとみんなの声で教室がいっぱいになって、相手の話が聞こえません。 ・では、練習してみましょう。「ブンブン」 ③班やグループで話し合いをするときには２の声です ・１だと小さすぎるので、少し大きくして小鳥の声くらいにします。でも、大きすぎると他の班の声が響いて自分の班の人の声が聞こえません。 ・では、練習してみましょう。「チュンチュン」 ④クラスで発表するときには３の声です ・発表するときは、みんなに聞こえるように子犬くらいの大きさにします。 ・練習してみましょう。「キャンキャン」 ⑤最後は４の声です ・校庭で遊んだり何か危険を知らせたりするときは、小さい声ではとても聞こえません。だから、ライオンがほえるときくらいの声です。今度の体育の時間に練習してみましょう。もし、教室でライオンの声を出したら大変です。ほかのクラスのお友達に何か事件が起きたと勘違いされてしまいます。 **2**　チャレンジの意義を説明する ・このように、話し合う場所や人数で、ちょうどよい声の大きさが違います。大きすぎても小さすぎてもだめなのです。 ・ちょうどよい声で話せるように、声のものさしを見ながら修行をしていきましょう。	●資料を拡大して提示。 ●教師の合図で黙る練習をする。 ●教師の合図で声に出して練習する。 ●教師の合図で声に出して練習する。 ●教師の合図で声に出して練習する。 ●体育の時間に、教師の合図で「ガオーッ」と声に出して練習する。

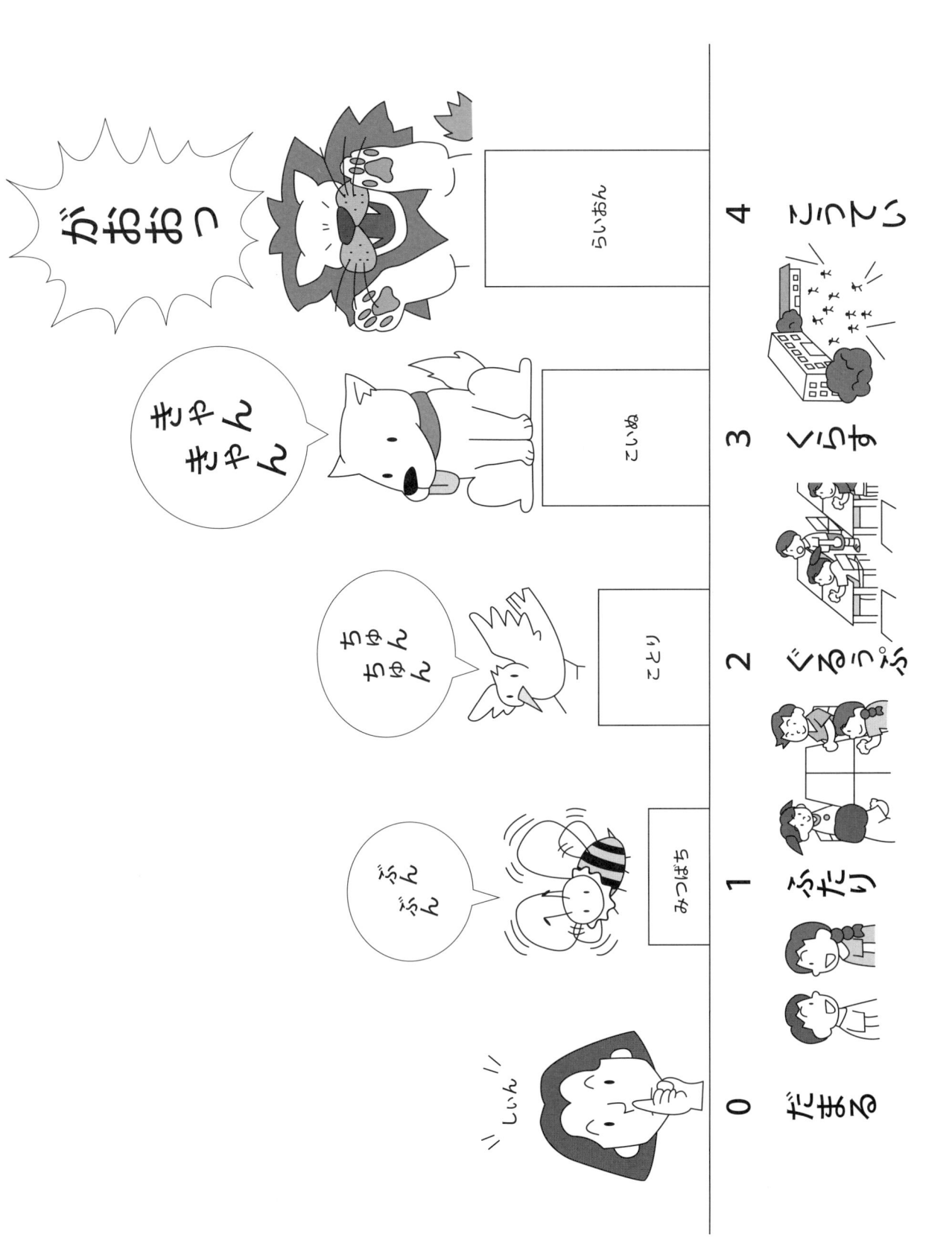

0	1	2	3	4
だれも	ふたり	ぶぁくしゅ	すうにん	じゅうにん

みつばち	はと	こいぬ	らいおん

ぶんぶん　ちゅんちゅん　きゃんきゃん　がおおっ

しいっ

友達関係のスキル7

友達が話しているときはその話を最後まで聞く

人の話をきちんと聞くことができないと，学習も対人関係も成立しない。しかし，教師が指導にいちばん苦労するのが「聞くこと」である。話に魅力をもたせることも必要であるが，まずは友達の話を最後まで聞く態度をマナーとして身につけさせたい。これが学級の子どもたちの良好な相互作用を可能にし，成長につながる。

上手な話の聞き方

①1分間スピーチをチャレンジの時間にする

「1分間スピーチをします」

1年生の目標

(1) 話す人を見る
(2) 手いたずらをしない
(3) 最後まで聞く

2年生の目標

(1) うなずく
(2) あいづちをうつ
(3) 質問する

② めあてを守って聞けたか振り返り用紙で毎日チェックする

できた項目はりんごを赤でぬる

できなかった項目はりんごを緑でぬる

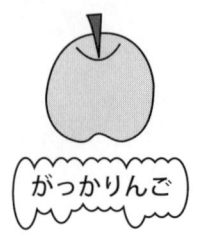

がんばりんご

がっかりんご

③ 1週間を振り返る

「やったー！達人レベル」

じょうずなききかた

学習時期の目安	2学期
チャレンジ期間	1週間
スキルの種類	配慮☑　　かかわり☐

目標	・（1年）相手のほうを見て，手いたずらをしないで，最後まで話を聞く ・（2年）うなずき，あいづち，質問をしながら話を聞く
チャレンジの手順	①チャレンジの仕方について説明を聞く ▶▶▶▶▶▶▶▶▶▶▶▶▶▶▶ 1年生は110ページ参照 　　　　　　　　　　　　　　　　　　　　　▶▶▶▶▶▶▶▶▶▶▶▶▶▶▶ 2年生は112ページ参照 ②朝の会の1分間スピーチの時間に，「上手な話の聞き方」にチャレンジする ・めあてを守って話が聞けたか，ワークシートのリンゴに色をぬる。 ③1週間続けたら，がんばりんごの数を数えて自己評価する ・ワークシートを提出して，先生にコメントをもらう。 ④次の週も，同様に取り組みを続ける
チャレンジ期間中の支援	・次の週のチャレンジへ意欲をもたせるために，1週間ごとに教師がワークシートにコメントを書いて返す。またワークシートを綴じるファイルを工夫し，毎週の経過を子どもが自分で確認できるようにする。

留意点

- 低学年は個人差が大きく，話の内容を深く理解するところまで全員に要求するのはむずかしい。短く時間を区切り，聞くときの態度をまずは「型」としてしっかり定着させたい。
- 低学年では，1日全体を振り返って自己評価させると，意識が続かずにいいかげんになりがちである。取り組みの時間や場面を限定して，めあてを達成できたか評価させたい。
- 2年生の取り組みでは，はじめに1年生での経験を思い出させ，「さらに上をめざそう」と呼びかけて意欲を引き出すと効果的である。
- 1分間スピーチのテーマは事前に予告する。家庭にも協力をお願いして，スピーチの内容をあらかじめメモさせておくとよい。なお，1分間スピーチは，学級の人数によってはチャレンジ期間が長くなる。チャレンジは，全員が聞く体験ができる場面を設定できれば，1分間スピーチでなくてもよい。
- 「おはなし名人」（P114）との同時進行も可能である。また，声の大きさなど，話し手のマナーについても指導する（「ちょうどよい声」P104参照）。

今後の展開

- 聞くときの態度が「型」としてしっかり定着してきたら，ちゃんと聞いてもらえたときのうれしさを話し手に表現させ，「型」と「意味」の両方を実感させていく。

友達関係のスキル7
友達が話しているときはその話を最後まで聞く

チャレンジの説明　上手な話の聞き方（1年生）

―国語か学活20分―

教師のセリフと行動	留意点
1　チャレンジの意義を説明する ・先生の話が上手に聞ける人は，勉強がよくわかります。友達の話が上手に聞ける人は，友達がいっぱいできます。だから，学校がとっても楽しくなります。 ・みんなで「話の聞き方名人」になる修業をしましょう。 **2　話を聞くときのコツを説明する** ・<u>聞き方名人になるコツ</u>は3つあります。 ①一番目は，「話す人の方を見る」ことです。よそ見をしたり，下を向いていると，相手に聞いていることが伝わりません。 ②二番目は，「手いたずらをしない」ことです。もちろんほかの友達にちょっかいを出してはいけません。手を膝に置いておくと，一生懸命聞いていることが伝わります。 ③三番目は，「話を最後まで聞く」ことです。話の途中で質問したり，自分の意見を言ったりすると，話している友達はがっかりします。最後までよい姿勢で聞きます。 ・いつでも，だれのときでも，この3つをばっちりできる人が聞き方名人です。 **3　ワークシートを配る** ・いまからワークシートを配ります。もらったらすぐに名前を書きましょう。 **4　チャレンジの仕方を説明する** ・来週から，聞き方名人になるための修業を始めます。 ・チャレンジをする時間は，朝の会の1分間スピーチです。 ・1分間スピーチで，めあてを守って友達の話を聞けたかどうか，ワークシートのりんごを色でぬります。 ・めあてを守れた人は，赤でぬります。「がんばりんご」です。 ・残念ながらめあてを守れなかった人は，緑でぬります。こちらは「がっかりんご」です。 ・これを月曜日から金曜日まで毎日続けます。 ・金曜日には，1週間分のがんばりんごの数を数えましょう。「名人」「あとすこしのしゅぎょう」「こんじょう出してね」の，どのレベルになるかな。その後，ワークシートを集めます。 ・では，3つのコツを守って，友達の発表を聞く修業をしましょう。	●拡大したワークシート（1年用）を掲示する。 ・「はなす人を見る」を指示。 ・「手いたずらをしない」を指示。 ・「さいごまできく」を指示。 ●配布したワークシートがバラバラにならないように，厚紙を配ってのりではっていくとよい。 ●色をぬる代わりにシールをはってもよい。

じょうずなはなしのききかた　1年用

□ 年　□ くみ　名まえ [　　　　]

はなしをきいたあとでいろをぬります

よくできたとき　→　赤いいろ で，がんばりんご
ざんねんだったとき　→　みどりいろ で，がっかりんご

	月日	月日	月日	月日	月日
はなす人を見る	○	○	○	○	○
手いたずらをしない	○	○	○	○	○
さいごまできく	○	○	○	○	○
がんばりんごのかず　[　]こ	10こかもっとおおい人→名人　　7～9このあいだの人→あとすこしのしゅぎょう　　6こかそれよりすくない人→こんじょう出してね				

先生から

友達関係のスキル7
友達が話しているときはその話を最後まで聞く

チャレンジの説明　上手な話の聞き方（2年生）

―国語か学活20分―

教師のセリフと行動	留意点
1　チャレンジの意義を説明する ・話の聞き方の「名人」のコツには，次の3つがありました。 　①話す人の方へ体を向けて見る 　②よそ見や手いたずらをしない 　③人の話は最後まで聞く ・しかし，これがマスターできたからと安心してはいけません。これは，話の聞き方の基本レベルです。 ・2年生のみなさんには，「達人」をめざして修業をしてほしいと思います。聞き方の達人とは，話している人がうれしくなり，もっともっと話したいと思うような聞き方ができる人です。 **2　話を聞くときのコツを説明する** ・<u>聞き方の達人になるためのポイント</u>は3つあります。 ①一つ目は，「うなずきながら聞く」です。相手が「うん，うん」と聞いてくれると，よく聞いてもらえてうれしくなります。 ②二つ目は，「あいづちをうつ」です。あいづちとは「なるほど」「そうなんだ」などと話のじゃまにならないように小さい声でつぶやくことです。 ③三つ目は，「質問する」です。話を最後まで聞いた後，もっと知りたいことを質問すると，相手はとてもうれしくなります。 **3　ワークシートを配る** ・いまからワークシートを配ります。もらったらすぐに名前を書きましょう。 **4　チャレンジの仕方を説明する** ・来週から，聞き方の達人になるための修業を始めます。 ・チャレンジをする時間は，朝の会の1分間スピーチです。 ・1分間スピーチで，めあてを守って友達の発表を聞けたかどうか，ワークシートのりんごを色でぬります。 ・めあてを守れた人は，赤でぬります。「がんばりんご」です。 ・残念ながらめあてを守れなかった人は，緑でぬります。こちらは「がっかりんご」です。 ・金曜日には，「がんばりんご」の数を数えます。達人までに3つのレベルがあります。実力を判定したら，ワークシートを集めます。 ・では，達人をめざして，友達の発表を聞く修業をしましょう。	●拡大したワークシート（1年用）を掲示して1年生の復習をする。 ●拡大したワークシート（2年用）を掲示する。 ・「うなずく」を指示。 ・「あいづちをうつ」を指示。 ・「しつ問（もん）する」を指示。

上手な話の聞き方チェックカード　2年用

□ 年 □ 組　名前 □

話を聞いたあとで色をぬります

よくできたとき　　　→ 赤い色で, がんばりんご
ざんねんだったとき → みどり色で, がっかりんご

	月日	月日	月日	月日	月日
うなずく	〇	〇	〇	〇	〇
あいづちをうつ	〇	〇	〇	〇	〇
しつ問する	〇	〇	〇	〇	〇

がんばりんごの数　□ こ

10こかもっと多い人→たつ人
7〜9この間の人→あと少しのしゅぎょう
6こかそれより少ない人→こんじょうでしゅぎょう

先生から

友達関係のスキル8

みんなと同じくらいに話す

話し合いや発表のとき,「みんなと同じくらいに話す」ことは,メンバーの責任である。そのためには,「自分ばかり話さない」「自分の持ち時間はきちんと話をする」の2つのマナーを自然に守る必要がある。低学年ではその前段階として,「決められた内容を,自分の順番が来たら話す」という,集団での発言の基礎を身につけさせたい。

おはなし名人

目標
決められた内容を話す
自分の番が来たらきちんと話す

このトランプを使えばだれでもお話名人になれます

― トランプの例 ―

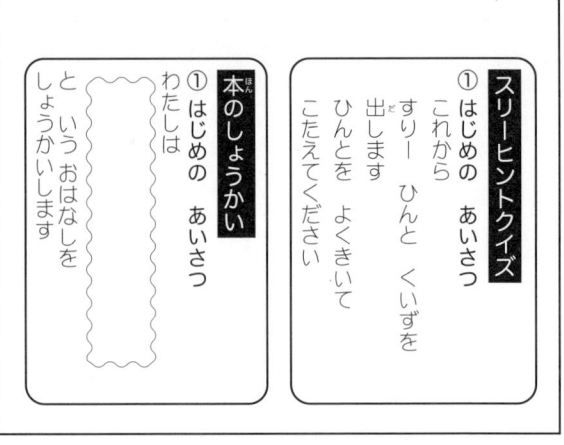

スリーヒントクイズ
① はじめの あいさつ
これから すりー ひんと くいずを 出します
ひんとを よくきいて こたえてください

本のしょうかい
① はじめの あいさつ
わたしは 〜 という おはなしを しょうかいします

① お話のテーマに合ったトランプに内容を書き込んでいく

② 順番を決めて発表会をする

すきなほん

『ぐりとぐら』の話を紹介します

学習時期の目安	2年生1学期後半〜
チャレンジ期間	1か月
スキルの種類	配慮☐　かかわり☑

目　標	・「おはなしトランプ」を使って，決められた内容を1分間話す

チャレンジの手順	①チャレンジの仕方について説明を聞く ▶▶▶▶▶▶▶▶▶▶▶▶▶▶▶▶▶▶▶▶▶▶ 次ページ参照 ・おはなしトランプの使い方の説明を聞く。 ・1分間スピーチの順番と発表の日を決める。 ②自分の番の前日になったら，おはなしトランプを使ってスピーチの準備をする ③自分の番が来たら，朝の会で1分間スピーチをする ・聞く人全員で「おはなしトランプ」の太字部分を読む。 ・話す人は，その後に続けてトランプを読む。 ④全員の発表が終わったら，学級全体で体験を振り返る ・「話す前の気持ち」「話し終わったときの気持ち」「うれしかったこと」を話し合う。
チャレンジ期間中の支援	・スピーチは1か月以内に全員が終了できるようにする。学級の人数が多いと朝の会だけでは時間がかかるので，帰りの会や学級活動なども使う。 ・ここでは「昨日遊んだこと」をスピーチのテーマとしたので，事前に調査して，習い事で遊べない日を避けるなどの配慮をする。また，体調が悪くて遊べない場合は順番を変更することを伝え，発表への不安をなくす。 ・個別指導が必要な子には事前に内容や話し方の指導をしておく。

留意点

- 自分ばかり話すことがマナー違反であることには気づきやすいが，意見を言わないこともマナー違反であることには気づきにくい。全員がスピーチをすることを通して，それに気づかせたい。
- 全員のスピーチを1日で行うことは避けたい。取り組みが長時間にわたると待ち時間も長くなる。低学年では集中力が維持できず，聞き方のマナーも守れない。結果として，注意の回数が多くなり，逆効果となりがちである。
- 教示用の「おはなしトランプ」は，画用紙大に拡大したものを1セット用意する。子どものスピーチ用にはハンドサイズのもの（輪ゴムで1セットずつまとめる）を人数分用意する。1枚に印刷した物を配布し，書き込んでから各自に切らせて，輪ゴムでとめさせてもよい。

今後の展開

- 慣れてきたら，全員で読んでいる部分を日直がインタビューする形にしたり，太字の部分は読まずに一人でスピーチをする形式に移行する。
- 資料では3つのテーマの「おはなしトランプ」を紹介した。「スリーヒントクイズ」は司会をする形が効果的である。「本の紹介」は一人でやる形式である。状況に応じて活用してほしい。

友達関係のスキル8
みんなと同じくらいに話す

チャレンジの説明　おはなし名人

—学活20分—

教師のセリフと行動	留意点
1　スキルとその意義を説明する ・これまで修行を続けてきた「話の聞き方名人」に続いて，今日から「おはなし名人」の修行を始めます。 ・おはなし名人になるコツは2つあります。それは，「お話の中身がそろっていること」と「自分の番が来たらちゃんと話すこと」です。 ・中身がそろっていないと何の話かわかりません。順番が来ているのに黙ったままだったら，聞いている人は待ちくたびれてしまいます。 **2　チャレンジの仕方について説明する** ・「おはなし名人」の修行は，朝の会の1分間スピーチでします。 ・2つのコツをマスターするためには，この「おはなしトランプ」を使います。スピーチが苦手な人もこれを使えば大丈夫です。 ・スピーチのテーマ（お題）は，「昨日遊んだこと」です。 ・今日は，動物村のぴょん子になったつもりで，先生がトランプの使い方を説明します。 ・トランプの太い字は，みんなが読みます。その後を，先生が一人で読みます。では，①の札でやってみます。さんはい！ 「はじめのあいさつ」「わたしは，昨日遊んだことについて話します」 ・その調子です。みんなはアナウンサーになったつもりでぴょん子にインタビューします。先生は，ぴょん子になったつもりでそれに答えます。②の札から同じようにやってみましょう。さんはい！ 「だれのことですか？」「わたしは……」 ・このように，①から⑧までの札を読みます。 ・話す人は，①の札の前と⑧の札の後に礼をします。礼をしているとき，聞く人はみんなで拍手をします。 **3　発表の順番を知らせる** ・では，全員にこのトランプを配ります。発表の日までに，このトランプを使って準備をしておけば，2つのコツはクリアです。 ・次に，発表の順番を配ります。自分の発表の日を確認しましょう。 ・自分の発表の前の日になったら，トランプに話すことを書いて準備をします。自信がない人は先生に相談しに来てください。 ・明日は○○さんと□□さんですね。楽しみにしていましょう。	●「ちょうどよい声」（P104）「上手な話の聞き方」（P108）が指導済みの場合はその掲示物を提示し，体験を思い出させる。体験していない場合は，そのポイントにふれておく。 ●2つのコツはフラッシュカードに書いて提示する。 ●スピーチのテーマは，学級の実態や学習内容及び行事に合わせて選ぶ。 ●拡大したトランプを次々に提示しながら練習する。教師が自分で作成したものを使うとより親しみが湧く。 ●③〜⑧まで同様に行う。 ●学級通信などで家庭に知らせ，協力を要請しておく。

①　あそびのかんそう　はじめの あいさつ

ぼくは・わたしは

［　　　　　　］

について 話します。

②　あそびのかんそう　だれの ことですか？

わたし・ぼく

［　　　　　　］

は

③　あそびのかんそう　いつの ことですか？

←あそんだ 時間

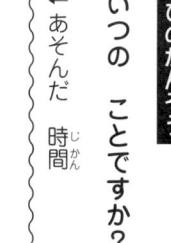

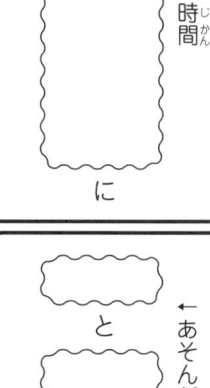

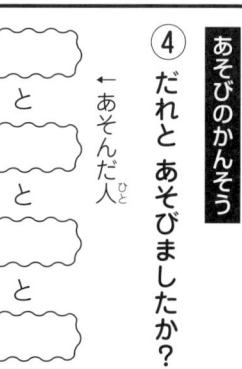

［　　　　　　］

に

④　あそびのかんそう　だれと あそびましたか？

←あそんだ 人

［　　　］と［　　　］と［　　　］と［　　　］と

⑤　あそびのかんそう　どこで あそびましたか？

←あそんだ 場所

［　　　　　　］

で あそびました

⑥　あそびのかんそう　何を して あそびましたか？

←したこと

［　　　　　　］

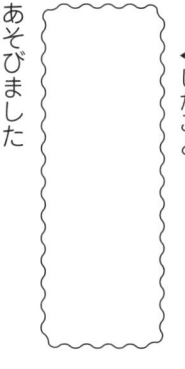

あそびました

⑦　あそびのかんそう　どんな 気もちになりましたか？

←そのときの 気もち

［　　　　　　］

です

⑧　あそびのかんそう　これで

ぼくの・わたしの 話は おわります
聞いてくれて ありがとうございました

〈ぴょん子のスピーチ〉（記入例）
①昨日遊んだこと　②わたし　③きのうの三時頃　④くまべえ・ぽんた・こんきち
⑤ひょうたん池　⑥ザリガニ釣りをして　⑦十匹も釣れてうれしかった

スリーヒントクイズ	① はじめの あいさつ

これから すりー ひんと くいずを 出します
ひんとを よく 聞いて 答えてください

スリーヒントクイズ	② だい 一 ひんと

わたしは 〜 です

スリーヒントクイズ	③ だい 二 ひんと

わたしは 〜 です

スリーヒントクイズ	④ だい 三 ひんと

わたしは 〜 です

スリーヒントクイズ	⑤ 答える

答えが わかった 人は 手を あげて ください

〜さん

スリーヒントクイズ	⑥ はんてい

ちがいます。ほかに わかった人は いませんか
あたりです。答えは 〜でした

スリーヒントクイズ	⑦ おわりの あいさつ

これで ぼくの・わたしの すりー ひんと くいずは おわります

スリーヒントクイズは、グループで問題を考えてほかのグループが答えを考えるようにすると盛り上がる。

本のしょうかい

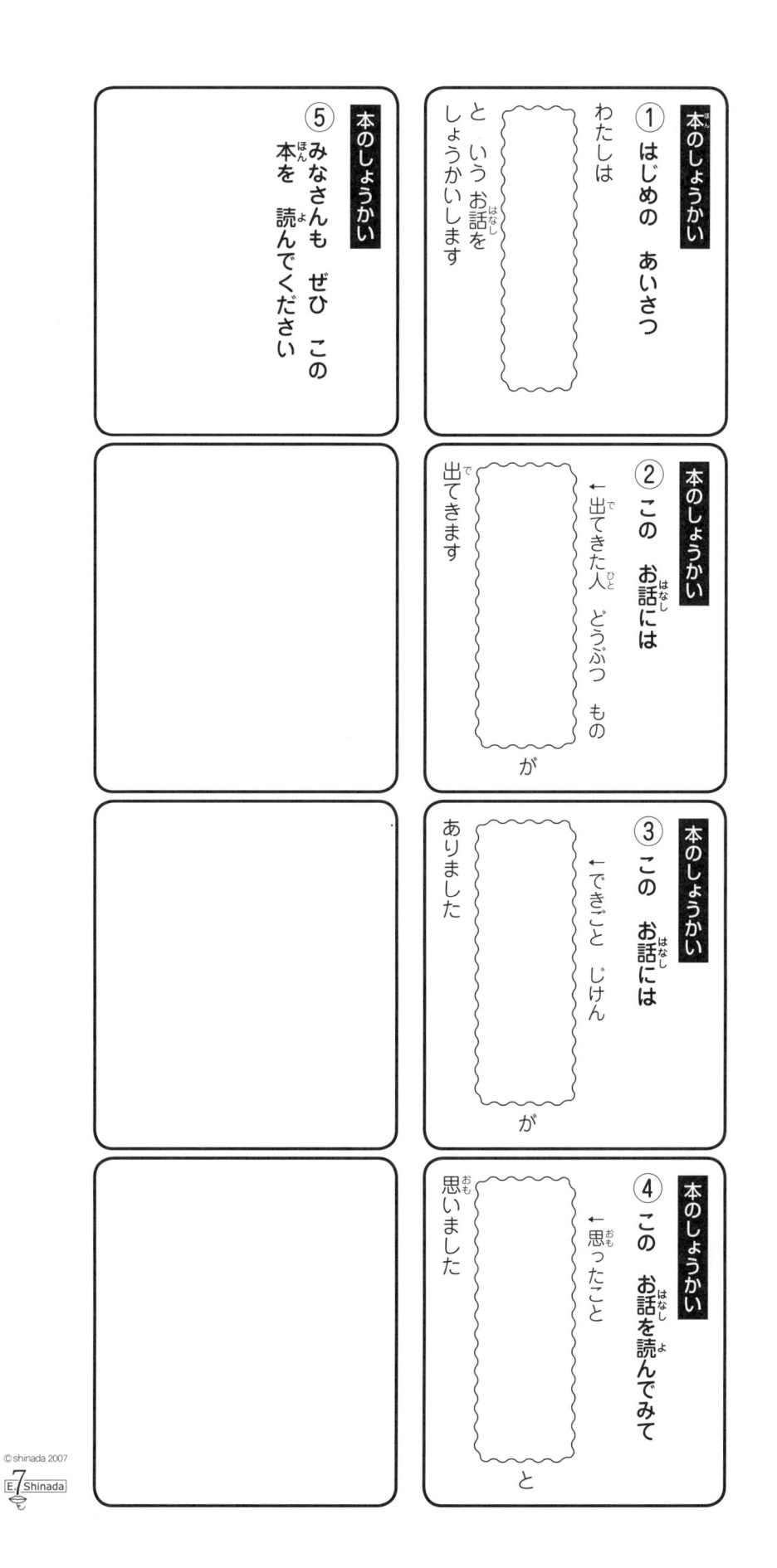

① 本のしょうかい
はじめの あいさつ
わたしは 〔　　　〕という お話を しょうかいします

② 本のしょうかい
この お話には 〔← 出てきた人　どうぶつ　もの〕が 出てきます

③ 本のしょうかい
この お話には 〔← できごと　じけん〕が ありました

④ 本のしょうかい
この お話を 読んでみて 〔← 思ったこと〕と 思いました

⑤ 本のしょうかい
みなさんも ぜひ この 本を 読んでください

友達関係のスキル9

みんなで決めたルールを守る

ルールを決めるときの前提は、「決めたルールは守る」ことである。ルールを決めるときの話し合いに積極的に参加しても、だれも守らなかったら決める意味がない。また、だれか一人が守らなくても、集団全体に影響する。みんなで話し合って決めた約束は簡単には破ってはいけないこと、決めたことに責任をもつ必要があることを低学年なりに理解させたい。

やくそくの王さま

約束の王様は「みんなで決めた約束は破らないぞ」という誓いです

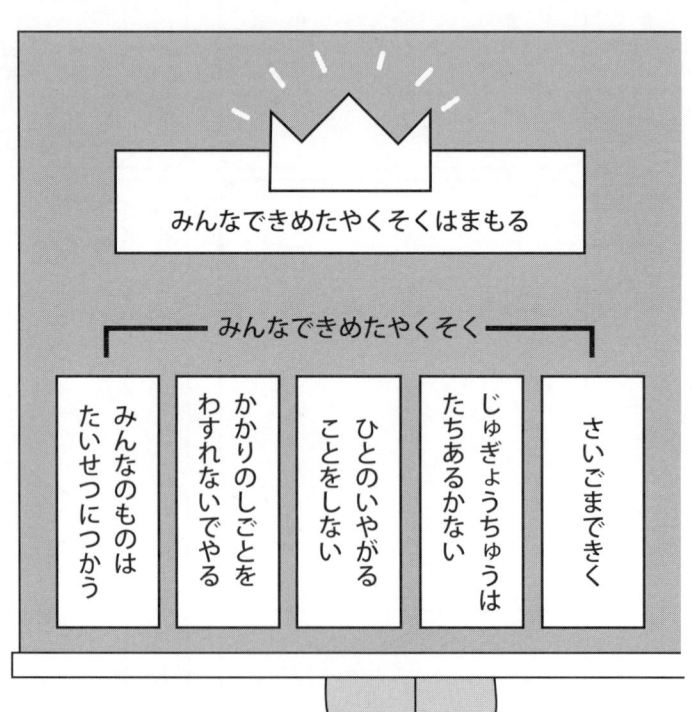

みんなできめたやくそくはまもる

みんなできめたやくそく
- みんなのものはたいせつにつかう
- かかりのしごとをわすれないでやる
- ひとのいやがることをしない
- じゅぎょうちゅうはたちあるかない
- さいごまできく

やり方
① これまでにみんなで話し合って決めた約束を振り返る。
② みんなで決めたことは、ひとりひとりが守る責任があることを確認する。
③ 新しく約束を決めるときには、「話し合い」のプロセスを重視する。

学習時期の目安	1年生2学期 2年生1学期
チャレンジ期間	継続して
スキルの種類	配慮☑　かかわり☑

目標	・「みんなのやくそく」について話し合って，守ることを約束する

チャレンジの手順	①チャレンジの仕方について説明を聞く ▶▶▶▶▶▶▶▶▶▶▶▶▶▶▶▶▶▶▶▶▶ 次ページ参照 ・約束が守られなかったときの気持ちを想像し，「みんなの約束」はみんなが幸せになるためのものであることを知る。 ・「みんなで決めた約束は守る」という約束の王様があることを知る。 ②日常生活のなかで「みんなのやくそく」を守る ・学級のみんなが幸せになるためには，「ほかにもこんな約束がいるんじゃないか？」と思ったら，先生に言う。 ③学級会で話し合う ・新しい意見が出たら，学級会を開いて「みんなのやくそく」にするか話し合って決める。決まったら短冊に書く。
チャレンジ期間中の支援	・学級会などで決まった「みんなのやくそく」を，短冊に書いて教室にはっておく。

留意点

- 約束を決めるにあたっては守る覚悟が必要である。そこで細かい約束の前提になる「みんなで決めたことは守る」という大きな約束を，「やくそくの王さま」という表現で子どもたちにイメージさせたい。
- ここではみんなの約束としてふさわしいかどうか，みんなのためとは何か考えることの大切さに気づかせたい。そうすると，約束を守ることばかりでなく，新しい約束の必要性や現在のルールの変更の必要性が自然に子どもから出されるようになる。

今後の展開

- 慣れてきたら，ポストを設け，その中に必要だと思うルールの案を投函させるとよい。

友達関係のスキル9
みんなで決めたルールを守る

チャレンジの説明　やくそくの王さま

—学活20分—

教師のセリフと行動	留意点
1 チャレンジの意義を説明する ①約束を守られなかったときの相手の気持ちを想像させる ・話の聞き方名人になるコツは3つありましたね。「話す人を見る」「手いたずらをしない」「最後まで聞く」でした。これが守れなかったとき，話している人はどんな気持ちになるでしょう？ ＜予想される反応例＞ ・話す人が嫌な気分になる ・友達だったらけんかになるかも ・先生の話だったら勉強がわからなくなる ②約束を守ることでみんなが幸せになることを確認する ・話の聞き方名人になる3つのコツをひとつにまとめると，「人の話を最後まで真剣に聞く」になります。これを「みんなのやくそく」といいます。「みんなのやくそく」はみんなが幸せになるための約束です。ほかにも，こんなものがあります。 　・授業中は立ち歩かない　　・人の話を最後まで真剣に聞く 　・人の嫌がることをしない　・みんなの物は大切に使う 　・係の仕事を忘れないでやる ・この「みんなのやくそく」のなかには，実はいちばん偉い，「やくそくの王さま」があるのです。それは「みんなで決めた約束は守る」です（フリップカードを提示）。 ・この意味は「みんなで決めた約束は破らないぞ」という誓いです。「みんなで決めた約束は守る」というこの誓いがなければ，いくつ約束を決めても意味がありません。だから王様なのです。 **2 約束を守る誓いを立てる** ・「みんなのやくそく」は，いまはこの5つだけど，これからまだ増えるかもしれません。 ・こんな約束がいるんじゃないかと思ったら，先生に教えてください。そのときは，それがほんとうにみんなの幸せになるかどうかをみんなで話し合います。 ・「みんなのやくそく」になったら，心の中で「守るぞ！」と誓い，みんなで守りましょう。	●「上手な話の聞き方」（P108）を指導済みの場合は，その資料を提示して話し合った経験を思い出させる。 ●左は1年生用の話の聞き方のコツ。2年生用のコツは，P112参照。 ●「みんなのやくそく」はできれば掲示して全員で読むとよい。 ●資料を提示。

みんなできめたやくそくはまもる

- じゅぎょうちゅうは立(た)ちあるかない
- かかりのしごとをわすれないでやる
- みんなのものはたいせつにつかう
- さいごまで聞(き)く
- 人(ひと)のいやがることをしない

友達関係のスキル10
係の仕事は最後までやりとげる

係活動は全員が参加し，さまざまな仕事を分担して行う活動である。つまり，分担された時点で最後までやりとげる責任が生じる。低学年では，係の紹介活動を通してまず自分の仕事を自覚させ，次に仲間同士でしたことを報告し合う活動を通して責任を果たす喜びを感じさせたい。これにより最後までやりとげる意欲を引き出したい。

わたしのしごとは

―チャレンジ1―
順番に自分の係の仕事を宣言する

―チャレンジ2―
仕事をしたら隣の人と報告し合う

＜朝の会＞
おしらせ・おねがいコーナー

私たちは黒板係です
黒板の字がよく見えるように
消すことが仕事です

＜休み時間＞

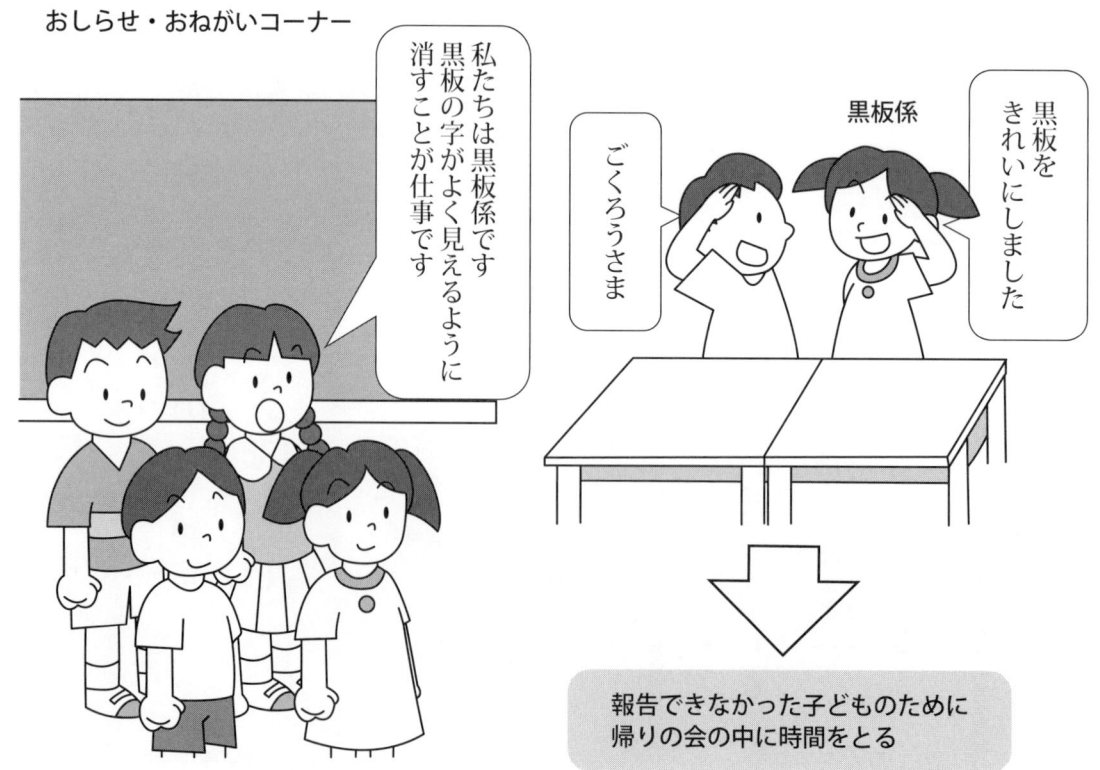

黒板係

ごくろうさま

黒板をきれいにしました

報告できなかった子どものために帰りの会の中に時間をとる

学習時期の目安	1年生2学期
	2年生1学期後半〜
チャレンジ期間	継続して
スキルの種類	配慮☑　かかわり☑

目標	・自分の係の仕事を自覚し，友達と成果を報告し合う
チャレンジの手順	①チャレンジ1「係の紹介」について説明を聞く ▶▶▶▶▶▶▶▶▶▶▶▶▶▶▶ 次ページ参照 ②朝の会で係の仕事を紹介する（2週間程度） ③チャレンジ2「報告活動」について説明を聞く ▶▶▶▶▶▶▶▶▶▶▶▶▶ 次ページ参照 ④友達同士で仕事の成果を報告し合う（1か月程度） ・係の仕事をしたときには，隣の人に「〜をしました」と報告する。 ・報告を受けたときは「ごくろうさまでした」とねぎらう。 ⑤1週間に1度くらいの割合で，学級全体で振り返りを行う 　＜振り返りの観点＞　・友達の係のおかげで助かったこと 　　　　　　　　　　・自分の係がみんなの役に立ったときの気持ち 　　　　　　　　　　・もしこの係がなかったらとても困ると思ったこと 　　　　　　　　　　・こんな仕事をする係があったらいいなと思ったこと
チャレンジ期間中の支援	・係の仕事に慣れないうちは，帰りの会に「ラストチャンスコーナー」を設け，仕事を忘れた子に挽回のチャンスを与える。 ・チェックリストにシールをはらせたり，仕事札を壁にはって裏返させたりして，全員が報告する体験ができるように配慮する。 ・仕事の成果を報告し合う相手は定期的にグループの中などで変える。マンネリ化を防ぐとともに，いろいろな友達のがんばりに気づくことができる。

留意点

- 係紹介（チャレンジ1）の期間は2週間以内が望ましい。学級の実態にあわせて，朝の会のほかに学活の時間などを活用してまとめて行ったり，両方行ったりしてなるべく短期間にすませる。
- 仕事の成果を報告し合う活動は，最低でも1か月は継続させたい。できれば学期末まで続け，いいとこ探しの活動のなかで係活動についても認め合うようにすると効果的である。
- ここではチャレンジ1と2を時間差で行ったが，同時進行する場合もある。どちらにするかは，発達段階や学級の実態に合わせて選ぶ。

今後の展開

- 初めのうちは必要な係や仕事の内容は教師が決める。仕事を細分化し，わかりやすい係名をつけて，自分のやるべきことを意識させたい。数名で一つの係をやる場合には，一人一人の仕事の範囲が明確になるように，あらかじめ曜日や場面で区切って分担させる。子どもたちの意識が高まってきたら，もっとみんなが助かることや喜ぶことを子どもたちにつけ足させる。

友達関係のスキル10
係の仕事は最後までやりとげる

チャレンジの説明　わたしのしごとは

—学活20分—

教師のセリフと行動	留意点
1 チャレンジ1の意義を説明する ・一人一人の係が決まり，係カードも用意できましたね。 ・明日から，朝の会の「おしらせ・おねがいコーナー」で，自分たちの係の仕事を順番に紹介してもらいます。 ・「がんばって仕事をするぞ！」という気持ちを込めて，自分の係の仕事を紹介しましょう。また，みんなへのお願いがあったらここで言いましょう。 ・聞く人は，ほかの係はどんな仕事をしているのかに気をつけて聞きましょう。また，お願いされたことは守りましょう。 **2** 発表の仕方を説明する ・明日からの発表の順番はこのとおりです。 ・発表するときには，まず係全員で前に並び，礼をします。聞く人は拍手をしましょう。 ・発表の仕方は，このカードの空いているところに，自分たちの係の仕事や，自分がやる仕事（分担されたこと）を入れて言います。 ・今日は，○○係にお手本をやってもらいます。 　「わたしたちは，○○かかりです。しごとは〜」 ・やり方がわかりましたか？　明日の発表は，「花係」と「黒板係」です。練習しておいてください。 **3** チャレンジ2の意義とやり方を説明する ・全部の係の発表が終わりました。今日からチャレンジ2に入ります。 ・係の仕事をしたら，席の隣の人に報告します。報告された人は，相手に「ごくろうさま」と言ってあげましょう。 　（例）「朝，お花のお水をかえました」 　　　　「ごくろうさまでした。お花が元気になりました。ありがとう」 ・一人一人が自分の係の仕事を忘れないようにしないと，みんなが気持ちよくすごせません。そこで，帰りの会に「ラストチャンスコーナー」を作ります。うっかり忘れてしまった人は，そこで仕事をやって報告しましょう。 ・でも，時間がかかる仕事はみんなを待たせるので，さようならの後にしてください。そのときの報告は，先生にしてください。 ・では，明日からがんばってください。	●係の仕事（P68）を参考に係を決め，メンバーや仕事内容を書いた「係カード」を事前に作成しておく。 ●係の発表順を書いた掲示物を用意しておく（資料1）。 ●発表の仕方は，穴埋め式のカード（資料2）を使うと理解しやすい。 ●分担という言葉がむずかしい場合は，「私がすることは〜です」に直す。 ●事前に一つの係にやり方を教え，手本とする。 ●一人一役ではなくグループで行う仕事の場合は，グループ内で報告し合ってもよい。イメージはP124イラスト参照。 ●毎日仕事がない係については事前に確認し，指示をしておく。

資料１：係紹介の順番（参考例）

かかりしょうかいのじゅんばん（朝の会）

月よう日 ▶ なし	木よう日 ▶ なし
火よう日 ▶ 花がかり 　　　　　こくばんがかり	金よう日 ▶ まどがかり 　　　　　でんきがかり
水よう日 ▶ 本がかり 　　　　　いきものがかり	

資料２：発表の仕方（例）

① きをつけ。
れい。

② わたしたちは　かかりです。
（例）こくばん
しごとは
（例）休み時間にこくばんをきれいにすること
です。

③ （わたし・ぼく）のぶんたんは
（例）水よう日
しごとは
（例）こくばんをふくこと
です。

④ がんばることは
（例）こくばんの字がよく見えるようにすること
です。

⑤ みんなにおねがいがあります。
（例）こくばんにらくがきをしないでください

⑥ よろしくおねがいします。
れい。

友達関係のスキル11

親しくない人とでも区別しないで班活動をする

2年生は活動の範囲が広がり、生活班だけでなく、目的別のグループ活動、1年生との兄弟学級や全学年での異年齢集団活動などが行われる。このときに顔見知りや仲よしとだけしかかかわれないと、活動の停滞や本人の孤立につながる。同じグループになったら、たとえ初対面の人でも受け入れて、一緒に活動できるようにすることが大切である。

集まったらまずあいさつ

① グループづくりの約束を確認する

せきがえ

「えーっ」と言う前にあいさつをするのが仲よくなるコツでしたね

② グループづくりをする

新メンバー

③ いろいろなあいさつで盛り上がる

せーのー

ガッツ

④ 合い言葉に定着させる

集まったら…

まずあいさつ！

学習時期の目安	2年生2学期
チャレンジ期間	継続して
スキルの種類	配慮☐　かかわり☑

目標

- 新しいメンバーでグループになったときは、まずあいさつをする

チャレンジの手順

①チャレンジの仕方を聞き、仲間集めゲームを体験する ▶▶▶▶▶▶▶▶▶▶▶▶ 次ページ参照
- いろいろな友達と仲よくなるよさを知る。
- 席替えなどグループづくりの直後に仲よくなるコツがあいさつにあることを知る。
- 仲間集めゲームをやり、集まった仲間同士であいさつをする。

②ときどき、仲間集めゲームであいさつの練習をする
- 実際のグループづくりの場面で「集まったら、まずあいさつ」ができるように、合い言葉として身につける。

③席がえやゲームなどで新しくグループができたときに、メンバーにまずあいさつをする

チャレンジ期間中の支援

- チャレンジ期間中は、仲間集めゲームを通して、楽しく集まったらあいさつするという体験を繰り返し、あいさつをするとチームが一つになることを実感させる。
- 先生が「集まったら……」と言ったら、子どもたちが「まずあいさつ」と答えることをゲームのようにして、合い言葉を定着させる。

留意点

- 席がえやグループ分けの新しいメンバーを見て「ええーっ」「あ〜あ」などネガティブなリアクションをすると、力を合わせて活動を始めようという意欲がそがれる。だからといって全員が満足できるようなグループ分けはむずかしい。そこで、ネガティブなリアクションが出る前に、「決まったらまずあいさつをする」という習慣をつけ、その気持ちよさを体験させることで、自然にポジティブなリアクションができるように援助する。

今後の展開

- 体育のチーム分けなどの場面で、円陣を組んで「ファイト」とかけ声をかけることも、チームワークを高める効果があることに気づかせ、あいさつ以外の工夫をさせる。

友達関係のスキル11
親しくない人とでも区別しないで班活動をする

チャレンジの説明　集まったらまずあいさつ

―学活40分―

教師のセリフと行動	留意点
1　チャレンジの意義を説明する ・席がえをしたときに，どんなことを言われたり，されたりすると嫌な気持ちになりますか？ ・(反応を受けて)，そうだね。これでは，このグループでがんばろうって思わないよね。 ・たしかに仲よしの友達と同じグループだったら楽しいかもしれません。でも，同じ人とばかりいっしょにいることは実はすごく損なのです。なぜかというと，いろいろな人と話をしたり，力を合わせて勉強や仕事をするほうが，人のいいところや直してほしいところをたくさん発見できるからです。 ・いいところはまねしようと思います。嫌なところは自分はそうならないように気をつけます。だからどんどん成長します。いろいろな人とグループになり，仲よく活動したほうが得ですね。 ・ではここで，グループがすぐに仲よしになるコツを教えます。それは「マジかよ」「うっそー」などと言う前にあいさつすることです。	<反応例> ・「マジかよ！」と言ってがっかり ・「うっそー」とさけぶ ・仲のいい友達とひそひそ話
2　仲間集めゲームで，あいさつを体験させる ・グループでするあいさつにはどんなものがあるか考えてみましょう。 ・では，これから仲間集めゲームをします。そして，集まった仲間と，先生が出したお題であいさつをします。 ・ゲームは，「もうじゅうがり」です。まず，歌の練習をします。先生の後に続いて歌ってください。アクション付きです。 ・4番まで歌ったら，何か動物の名前を言います。耳を澄まして聞いてください。動いてはいけません。その後，タンバリンを鳴らしたら，名前の字数と同じ人数で仲間をつくります。 ・集まったらあいさつのお題を言います。すぐにあいさつしてください。	<反応例> ・よろしくお願いします ・握手をする ・気をつけ，礼！ ●時間がないときには歌は省略して動物の名前だけを言う。 ●タンバリンや手を打つ数で集まるなど，他の仲間集めゲームの方法でもよい。
3　体験した後，振り返りを行う ・どうでしたか。集まった後あいさつをすると楽しくなってきますね。 ・これからは，グループが決まったらあいさつをして盛り上げ，心を一つにしてスタートしましょう。合い言葉は「集まったら，まずあいさつ」です。 ・先生が「集まったら……」と言ったら，みんなは「まずあいさつ」と言います。そのときは「うっそー」とか「マジかよ！」なんて言わないであいさつをしましょう。	

仲間集めゲームのやり方

1．全員でもうじゅう狩りの歌を歌う

◆◆◆◆◆もうじゅうがりに行こうよ◆◆◆◆◆

作詞・作曲　二本松はじめ

<先生>　　　　　　　　　　<みんな>　　　　　　　　　　<ふりつけ>

❶もうじゅうがりにいこうよ　　もうじゅうがりにいこうよ

❷もうじゅうなんかこわくない　もうじゅうなんかこわくない　やりやじゅうをかついだ
　　　　　　　　　　　　　　　　　　　　　　　　　　　　つもりで動き回る

❸やりだってもってるもん　　　やりだってもってるもん　　　止まってやりをつきさす

❹てっぽうだってもってるもん　てっぽうだってもってるもん　止まっててっぽうをうつ

JASRAC 出 0705070-701

2．動物の名前を聞いてグループをつくる

①歌の最後に，教師が動物の名前を言う。
②動物の名前を聞いて，子どもたちがグループをつくる。

　　例：「カラス」　　　→　3文字なので3人グループをつくる
　　　　「トリケラトプス」→　7文字なので7人グループをつくる

3．集まったグループであいさつする

①グループができたら，教師があいさつの方法を言う。
②グループごとに，その方法であいさつをする。
　注：あいさつの種類は，子どもたちと話し合って決めたものにするとよい。

あいさつの例

1. よろしくあくしゅ
   グループ全員と，「よろしく」と
   言いながら握手をする。

2. 気をつけ！
   みんなで輪になって「気をつけ！　礼！
   よろしくお願いします」と言う。

3. ファイト！
   全員で肩を組んでまるくなり
   「せーの，ファイト」と言う。

4. ガッツ
   円く輪になり，親指を立てて
   「ガッツ」と言う。

友達関係のスキル12

友達との約束は守る

友達との約束を安易に破ってしまう子がいる。最初は翌日に「ごめんね」と言えば済むかもしれないが，それが続けば徐々に仲間の信頼を失い，やがて孤立してしまうだろう。1年生では遊びの約束を題材に，実際に約束をする場面を設定して，破るとどんな影響があるか，約束をするときにはどんなことに注意すべきかを学ばせ，守ることの大切さに気づかせたい。

あそびのやくそくⅠ　～先生あのね～

① お話を聞く

「3人は約束をしたのに遊ぶことができませんでした」

② 遊ぶ約束のコツを考える

約束するときに決めること

(1) 時間を決める

(2) 場所を決める

(3) 約束を破らない

(4) できないことは約束しない

③ 遊びの約束タイム

3人以上で放課後に遊ぶ約束をしてカードに書く

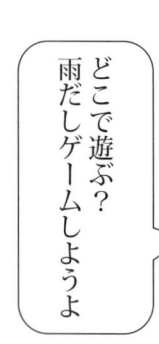

「どこで遊ぶ？雨だしゲームしようよ」

④ 家で「先生あのね」に書く

「ゲームは○○さんが勝って…」

学習時期の目安	1年生2学期
チャレンジ期間	1か月
スキルの種類	配慮☑　かかわり☐

目標	・約束をして，友達と遊ぶ（約束は破らない）
チャレンジの手順	①チャレンジの仕方について説明を聞く ▶▶▶▶▶▶▶▶▶▶▶▶▶▶▶▶▶▶▶▶▶▶ 次ページ参照 ②1週間に1回，友達を遊びに誘う ・「あそびのやくそく」を守って，3人以上で遊ぶ約束をする。 ・放課後に遊べない子は，約束せずに先生に言う。 ・家の人に，「何時に」「だれと」「どこで」「どこを通ってそこに行くか」を必ず伝えてから家を出る。 ③遊んだことを「先生あのね」に書いて，翌日に提出する
チャレンジ期間中の支援	・習い事をしている子や近所に友達がいない子を把握し，宿題を出す曜日を変える。無理な場合は学校の休憩時間に設定する。その場合は，休憩時間の前に約束の時間を設定する。 ・学級通信もしくは保護者会で事前に説明し，保護者に協力を求めておくこと（「子どもの安全を守るためには遊びの約束を把握してください」「安全のためになるべく大勢で遊ばせてください」など）。

留意点

・「やくそくの王さま」（P120）で指導した「みんなの約束」と関連づけて，約束には守る義務があることに気づかせたい。
・チャレンジ期間中に発生した遊びのトラブルについては，当事者を呼んで，教師が司会になって何が原因かを考えさせ，解決後に全体に伝えて評価する。これは，ほかの子どもへも注意を促すことになる。
・用事がある子ども以外は，全員が遊びの約束ができたかを必ず確認する。まだできていない子どもには，だれかに声をかけさせたり，自分から入れてもらうように言わせたりして，援助をする。
・不審者が心配される，友達の家が遠いなど，地域や子どもの実態により放課後の遊びを奨励できない場合は，約束のコツだけを確認して「グループで遊ぼう（P176）」へ移行し，校内での遊びを実践させる。

今後の展開

・子どもたちの実態に応じて「相手を傷つけない方法でできないことを断る」（P166）「自分から友達を遊びに誘う」（P176）などのターゲットスキルと関連させて指導する展開も考えておく。
・約束の仕方が定着してきたら，カードを使わずに口頭で約束できるように援助する。

友達関係のスキル12
友達との約束は守る

チャレンジの説明　あそびのやくそくⅠ　〜先生あのね〜

—学活20分—

教師のセリフと行動	留意点
1　チャレンジの意義について説明する ①「ぽんた，こんきち，くまべえの物語」を読み聞かせる ・「ある日，ぽんたとこんきちとくまべえは……」 ②どうして3人で遊べなかったのか，みんなで考える ・とうとう3人は一緒に遊ぶことができませんでした。何がいけなかったのでしょうか？ ＜予想される反応例＞ ・何時に集まるか決めてなかった ・待ち合わせの場所を決めてなかった ・くまべえはすぐに行かないでゲームをしちゃった ③遊びの約束をするときのポイントを確認する ・遊びの約束をするときのコツ には，「何時に遊ぶか時間を決める」「どこで遊ぶか場所を決める」「決めた約束を破らない」があります。 **2　チャレンジの方法を説明する** ①遊びの宿題の説明をする ・今日の宿題は「3人以上で遊んで，そのことを『先生あのね』に書く」です。そこで，これからみんなに遊びの約束をしてもらいます。 ②できない約束はしないことを確認する ・今日は予定があって遊べないという人は約束をしてはいけません。「あそびのやくそく」の4つめは「できないことは約束しない」です。遊べない人は必ず先生に言ってください。 ③遊びの約束を交わす ・一緒に遊ぶ人が決まったら，だれか一人が「あそびのやくそくかあど」を取りに来てください。書き終わったら先生に出します。 ・まだ決まっていない人がいたら「こっちにおいで」と誘ってあげてね。 ④遊ぶときの注意事項を話す ・出かけるときは，必ず家の人に「何時に」「どこで」「だれと」遊ぶか，「どこを通ってそこに行くか」を言ってくださいね。では，明日の「先生あのね」を楽しみにしています。	●資料1を①〜④の順に読み上げる。 ●あそびのやくそく（資料2）を拡大して提示。 ●約束をすることが目的なので，宿題にするかどうかは実態に応じて変える。 ●様子をみて個別指導をする。 ●用事があって遊べない子には「先生あのね」に用事のことについて書かせる。

資料1：「ぽんた，こんきち，くまべえの物語」

①ある日，ぽんたとこんきちとくまべえは，学校から帰ったら遊ぶ約束をしました。「さよなら」「あとでね」3人は笑顔であいさつをしました。

②ぽんたは家にカバンをおくとすぐにおにぎり山に行きました。でも，だれもいません。「ぼくが一番乗りか」と思ってみんなを待ちました。ずっと待ってもだれも来ませんでした。悲しくなって涙が出てきました。

③そのころこんきちはひょうたん池でみんなを待っていました。でも，だれも来ません。待っても待っても来ません。悲しくなって涙が出てきました。

④くまべえは，家に帰るとおやつがあったので食べました。それからちょっとゲームをしてから出かけようとゲームをし始めました。夢中になってやっていて気がつくともう夕方でした。いそいでおにぎり山に行きました。でもだれもいません。ひょうたん池にも行きました。だれもいません。がっかりして帰りました。

資料2

> **あそびのやくそく**
> 1. じかんをきめる
> 2. ばしょをきめる
> 3. やくそくをやぶらない
> 4. できないことは　やくそくしない

あそびのやくそくかあど

あそぶ日　　　□ がつ　□ にち

あそぶじかん　□ じ　□ ぷん

あそぶばしょ
どこ？
□

あそぶ人
だれとだれ？
□

☆みんなが まもれる やくそくかな？
☆むりな やくそく してないかな？

せんせい あのね

□ 年 □ 組 名前 _____

せんせい あのね、

友達関係のスキル13

友達との約束は守る

約束は契約である。それがたとえ遊びの約束であっても，破ることは仲間としての資格を失い孤立につながる危険性がある。ここでは，約束を破らないようにするためには約束の仕方が大切であること，守れなくなったときにはマナーがあり，それを守らなくてはいけないこと，を理解させたい。

あそびのやくそくⅡ　～やくそくのやくそく～

① 約束アンケートの結果を発表する

「いちばん多かったのは遊ぶ約束を破られて悲しかったという意見でした」

② 破らなくてすむ約束の仕方についてまとめる

約束をするときの約束

1. 自分ができることか考える
2. していいことか考える
3. 無理だったらていねいに断る
4. 時間や場所をきちんと決める
5. 忘れそうなときはメモする

③ そうはいっても守れなくなったときのマナーをまとめる

守れなくなったときの約束

1. 相手に連絡する
2. 心をこめてあやまる
3. きちんと理由を話す
4. 代わりにできることを探す

④ 1週間、チャレンジする

「約束を守らない人とはだれも友達になりたくありませんね　そうならないように練習しましょう」

「遊びの約束チャレンジカード」(P.143)を使って1週間練習をする

学習時期の目安	2年生2学期
チャレンジ期間	1週間
スキルの種類	配慮☑　かかわり☐

目標	・守れない約束はしない／守れなくなったときのマナーを守る
チャレンジの手順	①事前に「やくそくアンケート」（資料1）に答える ②チャレンジの仕方について説明を聞く ▶▶▶▶▶▶▶▶▶▶▶▶▶▶▶▶▶▶ 次ページ参照 ③遊びの約束を練習する（1週間） ④チャレンジカードで振り返る ・「あそびのやくそくチャレンジカード」に書いて，達成できたことを個別に教師に報告する。
チャレンジ期間中の支援	・約束を破った当事者は相手への影響に気づきにくい。そこで，事前に子どもたちにアンケートを取り，回答をまとめたものを提示して相手の気持ちを想像させたい。 ・その場で生事例を出させて話し合うと，冷静に話し合えない危険性があるので，できるかぎり避ける。アンケートから実際にあった例を取り上げる場合も，できるだけ一般化し，当事者に配慮する。 ・守れなかった理由について自分の体験から考えさせて，できないのに約束することは相手を傷つけるということに気づかせたい。

留意点

- 約束をしたからといって，何が何でも守るというのは現実的ではない。不測の事態が生じて約束を守れないこともある。その際に大切なのは放置しないことである。相手への迷惑を最小限に食い止める努力をすることがマナーであることに気づかせ，その方法を考えさせたい。
- 約束をするときには約束の仕方が大切ということに気づかせたい。
- できない約束をしないためには「相手を傷つけない方法でできないことを断る」「相手に迷惑がかからないように頼む」（ともにP166）などのターゲットスキルと関連させて指導するとよい。
- 約束の仕方が定着している場合は，「あそびのやくそくカード」を使わなくてもよい。

今後の展開

- 「みんなで決めたルールを守る」（P120）についても言及し，友達との約束も，どちらも契約であるという認識を育てたい。
- 「やくそくをするときのやくそく」（資料4）「まもれなくなったときのやくそく」（資料5）は，遊び以外の約束にも有効なことを伝える。

友達関係のスキル13
友達との約束は守る

チャレンジの説明　あそびのやくそくⅡ　～やくそくのやくそく～　—学活20分—

教師のセリフと行動	留意点
1　チャレンジの意義について説明する ①「やくそくアンケートの結果（破られたとき）」を話す ・この前，みんなが書いてくれた「やくそくアンケート」の答えを先生がまとめました。破られたことのある約束とそのときの気持ちをまとめると，こんな感じでした。同じ気持ちになったことがある人は手をあげてください。 ・約束を守らないと相手を悲しませたり怒らせたりして，最後には友達がいなくなります。 ②「やくそくアンケートの結果（守れなかったとき）」を話す ・みんなの守れなかった約束とそのときの気持ちをまとめたのは，これです。結果を見て，「した約束」のなかで，うちの人にだめと言われそうなものはありませんか？ ＜反応例＞ ・子どもだけで買い物はだめだと思う ・子どもだけで花火は絶対だめだよ ・うちは外で買い食いしちゃだめです ・うちはお金持って遊びに行くのは禁止です ・（反応を受けて）なるほど，これは無理だとわかっている約束だね。友達と約束しても守れないね。 ③「やくそくをするときのやくそく」について説明する ・約束を守るためには，約束の仕方が大切なのです。これから見せるのは，「やくそくをするときのやくそく」です。 **2**　「まもれなくなったときのやくそく」について説明する ・でも，どうしても約束を守れなくなる場合があります。それは，予定が変わったり，家の人にだめと言われたりしたときです。 ・そんなとき，黙っていては相手が困ります。「何となく嫌になった」「違う友達と遊ぶことにした」という理由は失礼ですね。うそをついて断ると，後でわかったときにケンカになってしまいます。そういうときは，この「まもれなくなったときのやくそく」を守りましょう。 **3**　チャレンジの方法を説明する ・では，これから1週間を遊びの約束を練習する期間にしましょう。約束した内容は「あそびのやくそくかあど」（P136）に書きます。遊んだ後は「あそびのやくそくチャレンジカード」で報告します。	●事前に資料1を使って，アンケートをとっておく。 ●資料2を提示して，一とおり読み上げる。 ●資料3を提示して，一とおり読み上げる。 ●資料4を提示して，読み上げ，なぜそれが必要かを説明する。 ●資料5を提示。 ●家の都合で遊びの約束ができない子もいると考えられるので，毎日記入しなくてもよいことを伝える。

資料1：約束アンケート

やくそくアンケート

＿＿年＿＿組（　　　　　　　　）

① 「やくそくをやぶられたとき」のことを思い出して書きましょう。

　＜どんなやくそくをしたのですか？＞

_____
_____
_____

　＜やぶられたときの気もちは？＞

_____
_____
_____

② 「やくそくをまもれなかったとき」のことを思い出して書きましょう。

　＜どんなやくそくをしたのですか？＞

_____
_____
_____

　＜まもれなかったわけは？＞

_____
_____
_____

※必ずしも名前を書かせなくてよい

友達関係のスキル13
友達との約束は守る

資料2：やくそくアンケート①の結果例

やくそくアンケートのけっか：やぶられたとき

＜したやくそく＞
いっしょにあそぶ　いっしょにかいものに行く　かあどをくれる　かあどをこうかん　まちあわせ　げえむをかしてくれる　いっしょに帰る　おごってあげる

＜やぶられたときの気もち＞
・ずっとまっていてもこなかったのでかなしくなった
・ほかの人とあそんでいたのであたまにきた
・うそつき，もう二どとあそばない
・けち
・もう友だちじゃない
・ゆるさない
・だいっきらい
・もうぜったいさそわない

資料3：やくそくアンケート②の結果例

やくそくアンケートのけっか：まもれなかったとき

＜したやくそく＞
いっしょにあそぶ　おとまりに行く　いっしょに帰る　かいものに行く　おたんじょう会に行く　かあどをあげる　だがしやに行く　花火をする　いっしょにしゅくだいをする　おごる

＜まもれなかったわけ＞
・なんとなくいやになった
・お母さんにようじをたのまれた
・子どもだけではだめと言われた
・やくそくしたことをわすれてしまった
・日にちと時間をまちがえた
・まちあわせ場所をかんちがいした
・ならいごとの日だった
・きゅうにほかのようじができた
・家の人にだめと言われた
・おこづかいがなかった

資料4：約束の仕方

やくそくをするときのやくそく

1. 自分ができることかどうか考える
2. していいことかどうか考える
3. むりだったらていねいにことわる
4. 時間や場所をきちんときめる
5. わすれそうな人はめもする
6. まよったら家の人にそうだんする

資料5：守れなくなったときのマナー

まもれなくなったときのやくそく

1. かならずあい手にれんらくする
2. 心をこめてあやまる
3. きちんとわけを話す
4. かわりにできることをさがす

＜やくそくのことわりかたのれい＞
ごめんね！　きゅうにるすばんをたのまれちゃったんだ。あしたはだいじょうぶだから，あしたあそぼうね。

あそびのやくそく チャレンジカード

ちゃれんじゃー　年　組　名前＿＿＿＿＿＿＿＿＿

ちゃれんじ　やくそくのしかたをチェックしてみよう

① やくそくをした日・よう日・したやくそく・やくそくをしたあい手 を書きます
② 「やくそくのしかた」ができた人は できたぞうに色をぬります
③ やくそくをまもった人は できたぞうに色をぬります
④ やくそくをまもれなかったけど れんらくができた人は できたぞうに色をぬります

		月　日 よう日	月　日 よう日	月　日 よう日	月　日 よう日	月　日 よう日
したやくそく						
したあい手						
やくそくのしかた	自分ができることか どうか考える					
	していいことかどうか 考える					
	むりなことは ていねいにことわる					
	時間や場所を きちんときめる					
	わすれないように めもする					
やくそくをまもったぞう						
まもれなかったけど れんらくしたぞう						

ふりかえり　これからがんばりたいことを書きましょう

がんばるぞう

友達関係のスキル14
友達が一生懸命やって失敗したときは許す

「ごめんなさい」や「ありがとう」が瞬間的に出ないのに比べ，友達の失敗は間髪を入れずに責めてしまいがちである。とくに低学年は相手の気持ちを考えて行動することが苦手である。ここでは，友達の失敗を励ますことを「グループかつどうのやくそく」として確認させて，責めてしまう癖を励ます習慣に変えていきたい。

まきもどして，ドンマイ

① グループ活動の約束を確認する

```
1  自分の仕事は
   一生懸命やる

2  みんなで助け合う

3  自分の失敗は
   「ごめんなさい」

4  友達の失敗には
   「ドンマイ」
```

② 「ドンマイ」を練習する

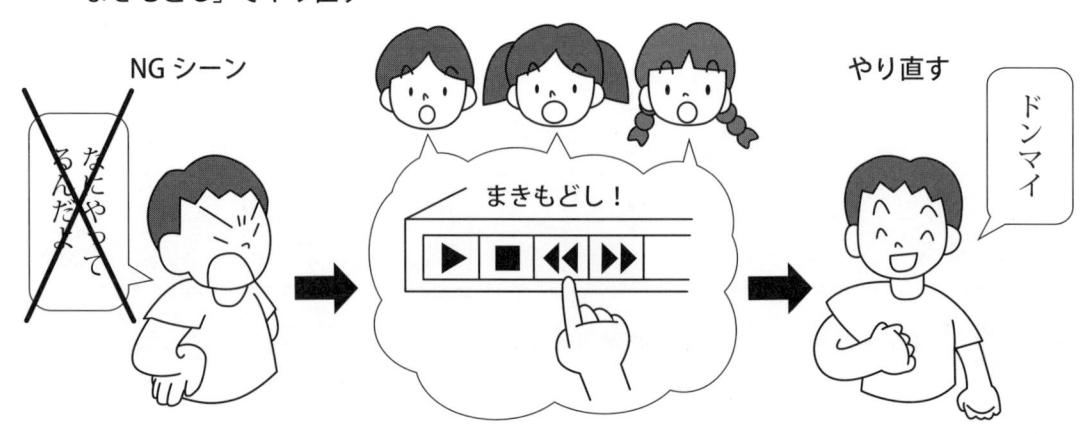

失敗してしまった友達には「ドンマイ」と言います
次はがんばろうという励ましの言葉です

③ うまくいかない場面があったら「まきもどし」でやり直す

NGシーン　なにやってるんだよ　→　まきもどし！　→　やり直す　ドンマイ

学習時期の目安	2年生2学期後半
チャレンジ期間	1週間
スキルの種類	配慮☑　かかわり☐

目 標	・一生懸命やったのに失敗した仲間には「ドンマイ」と声をかける
チャレンジの手順	①チャレンジの仕方について説明を聞く ▶▶▶▶▶▶▶▶▶▶▶▶▶▶▶▶▶▶▶▶▶ 次ページ参照 ②グループ活動を行う ・初めに，グループ活動の約束を守って行うことを確認する。 ・活動中に，「ごめんなさい」や「ドンマイ」をうまく言えない場面があったら，周りの人が「巻き戻し」と声をかける。 ・「巻き戻し」と言われた人は，やり直しの場面にさかのぼって，「ごめんなさい」や「ドンマイ」を言う。 ③活動後に振り返る ・約束を守ってグループ活動ができたか，チェックカード（P147）で各自が振り返る。
チャレンジ期間中の支援	・グループ活動で実際に約束を守れた場面をとりあげ，教師が全体に紹介するとよい。 ・うまく許すことができなかった場合は，双方に「ごめんなさい」「ドンマイ」などとやり直しをさせることで挫折感を防ぎたい。やり直しをしたら必ずそれをほめて，次に生かす動機づけをすることが大切である。

留意点

- グループの全員が自分の役割に一生懸命に取り組むからこそ，「ドンマイ」と失敗を許せる雰囲気が生まれる。グループ分けに配慮して，グループ内での一人一人の役割を明確にして，子どものいい加減さやふざけを防ぐことが大切である。
- その場ですぐに冷静になれない子どももいる。その場合は，ほかの子には作業を続行させておき，クールダウンの場と時間を用意して，冷静になってからやり直しをさせるとよい。「フリーズ」などの合い言葉を作っておき，事前に話をしておくと了解がスムーズである。
- 本スキルは「上手なごめんなさい!!」（P90）とセットで指導したい。また，「めざせ！マナー名人!!」（P98），「わたしのしごとは」（P124）と関連づけて指導できる。

今後の展開

- 「巻き戻し」のほかに，「早送り」「もう一度再生」なども合い言葉として取り入れる。また，これらの絵カードを用意しておくと，言葉で注意する前のサインとして活用できる。

友達関係のスキル14
友達が一生懸命やって失敗したときは許す

チャレンジの説明　まきもどして，ドンマイ

—学活20分—

教師のセリフと行動	留意点
1 「グループかつどうのやくそく」について説明する ・グループで力を合わせて何かをするときには，4つの約束があります。 ①自分の仕事は一生懸命やる ・係や当番の仕事と同じで，一人一人が自分の仕事をちゃんとやることが大切です。ふざけたり，途中でやめたりすると，みんなが困ります。自分が何をすればいいのかは，やる前にわかっていないとだめですね。わからないときは，やる前に聞きましょう。 ②みんなで助け合う ・グループ活動は，一人で仕事をするのではありません。みんなで力を合わせます。自分が困っていたら「手伝って」と助けてもらいましょう。反対に友達が困っていたら助けてあげます。 ・4人で「せーの」と一緒にやるときもあります。自分のことだけでなく，友達やグループのことを考えてお互いに力を貸し合うのです。 ③自分の失敗は「ごめんなさい」 ・一生懸命やっても，いつもうまくいくとは限りません。失敗することだってあります。そんなときは，黙っていないですぐに自分から「ごめんなさい」と謝りましょう。そのわけは，わざとじゃなくても失敗は迷惑になるからです。黙ったままで，みんなが許してくれるのを待っていたのでは，周りもすっきりしません。 ④友達の失敗には「ドンマイ」 ・失敗した友達に，「だめだよ」とか「何だよ」とか文句をいくら言っても，失敗は成功に変身してくれません。それに，失敗した友達はもっと元気がなくなってしまいます。 ・そんなときは「ドンマイ」と言って励まします。ドンマイは「気にしなくていいよ」「次がんばろう」「今度はきっと大丈夫だよ」という気持ちがつまった魔法の言葉です。 **2** チャレンジの仕方を説明する ・これからは班やクラスで一緒に何かをするときには，この「グループかつどうのやくそく」を守って活動しましょう。 ・もしもうまくできていない場面を発見したら，「巻き戻し」と声をかけます。「巻き戻し」と言われたら，やり直しの場面に戻って「ドンマイ」や「ごめんなさい」を言いましょう。	●4つの約束を提示。 ●グループ活動の約束は，模造紙などに書いて，いつでも掲示できるようにしておく。（P144イラスト参照） ●マナーカルタ（P101）を使って，「ドンマイ」と言う場面をいくつも練習する。 ●ドンマイの英語の意味を説明してもよい。 ●グループ活動のときに，右の振り返り用紙で自己評価させる。

グループかつどうのやくそく

年　組　名前＿＿＿＿＿＿＿＿

よくできたとき　→　赤い色で，がんばりんご
ざんねんだったとき　→　みどり色で，がっかりんご

	月日	月日	月日	月日
自分のしごとはいっしょうけんめいやる	○	○	○	○
みんなでたすけあう	○	○	○	○
自分のしっぱいは「ごめんなさい」	○	○	○	○
友だちのしっぱいには「どんまい」	○	○	○	○

がんばりんごの数　　こ

14こより多い人　→　たつ人
8～14こ の間の人　→　あと少しのしゅぎょう
8こより少ない人　→　こんじょうでしゅぎょう

先生から

友達関係のスキル15

腹が立っても「カーッ」とした態度をとらない

怒りの感じ方や表現には個人差があり，気持ちを抑えられない子どもがいる一方で，自分が傷ついても相手に伝えられない子どももいる。学級生活では，どちらの振る舞いも結果的に友達関係を傷つけてしまう。ここでは，怒りを感じたときに一呼吸置くという行動の仕方を練習させて，複数の人間が一緒に生活する場での建設的な対処法に気づかせたい。

しんこきゅうして，1・2・3！

① カーッときたときのことを話し合う

どんなとき？　「こんなのもわかんないの？」「バーカ」

どうかえした？　「おまえこそバーカ」

どうなった？　「なんだと？」「やるか？」

→ プンプン

② みんながニコニコマークになるコツを考える

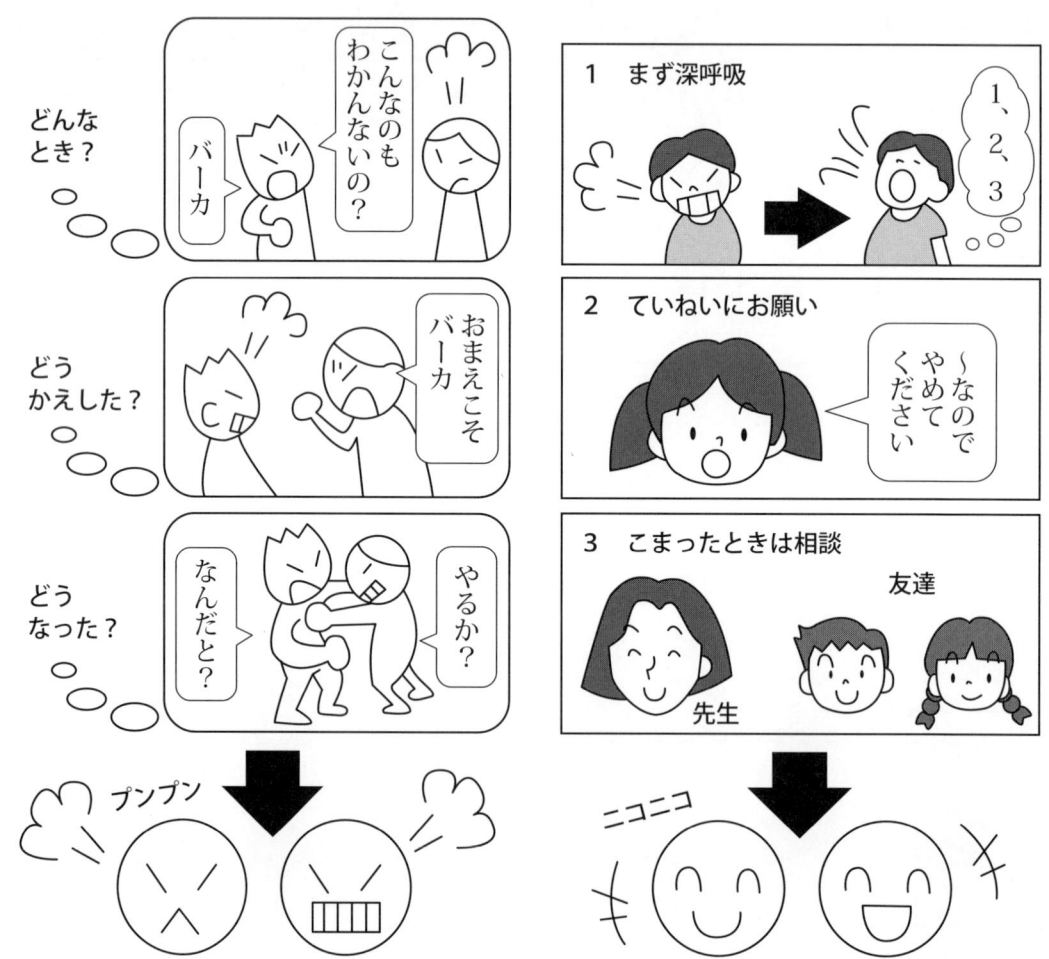

1　まず深呼吸　（1、2、3）

2　ていねいにお願い　「〜なのでやめてください」

3　こまったときは相談　先生　友達

→ ニコニコ

学習時期の目安	２年生２学期後半
チャレンジ期間	１週間
スキルの種類	配慮☑　　かかわり☐

目　標	・腹が立ったとき，深呼吸して冷静になってから行動する

チャレンジの手順	①チャレンジの仕方について説明を聞く ▶▶▶▶▶▶▶▶▶▶▶▶▶▶▶▶▶▶▶▶▶▶▶ 次ページ参照 ②学級生活のなかでそれぞれが実行する ・腹が立ったときには，心の中で「１，２，３」と数えながら深呼吸して心を落ち着ける。 ・友達が実行しているところを発見したら，「へそくり発見かあど」（P151）に書いて，「友だちは見たぽすと」に投函する。 ③毎日の帰りの会で，約束を守れたかどうか振り返る ・「友だちは見たぽすと」を開けて，教師が「へそくり発見かあど」を読みあげる。
チャレンジ期間中の支援	・「へそくり発見かあど」を活用し，カーッとならずに気持ちを抑えた人と，それを発見した人の双方をほめてチャレンジを盛り上げる。けんかの相手が発見者になる場合も多いので，仲直りのきっかけにもなる。 ・うまくできなかった場合は，挫折感を防ぐために双方にやり直しをさせたい。その際，ＶＴＲの「巻き戻し」にたとえて問題場面に戻すとゲーム感覚でできる。

留意点

- 子どもたちの怒りに対しては共感し，罪悪感をもたせないように配慮する。
- 頭にきたり，「カーッ」としたりしてはいけないという指導は現実的ではない。「頭にくることはだれにでもあり，それは悪いことではないのです」と最初に確認してから指導を始める。
- 低学年は自分で感情をコントロールできない場合も多い。集団生活での自然の感情の出し方を教えて練習させる。がまんしないのも，がまんしすぎなのもよくないことを理解させる。
- 友達や先生に相談することは，言いつけではないことを確認しておく。これはいじめ被害の把握にも効果的である。
- 自分でなかなか冷静になれない子どもには，教師が立ち会ったり，クールダウンの時間をとったりして援助し，できたことを全体で評価する。
- 表側にションボリマーク（ほかにイライラマーク，噴火マークなど），裏側にニコニコマークをはったうちわを用意して，場面に合わせて表情を示すようにすると，感情に気づかせるのに効果的である。

今後の展開

- 意識的に１週間程度取り組ませたら，後はその場での指導に切りかえる。

友達関係のスキル15
腹が立っても「カーッ」とした態度をとらない

チャレンジの説明　しんこきゅうして，1・2・3！

—学活20分—

教師のセリフと行動	留意点
1　チャレンジの意義を説明する ・みんなは，どんなときにカーッとしたり，頭にきたりしますか？　友達と遊んでいるときやいろいろな場面を思い出してみてください。 ＜カーッとしたときの例＞　いくら注意しても順番を守らない／いじわるをされた／急に押された／やめてと言ってもやめない／悪口を言われた／たたかれた ・（反応を受けて）そうだね。いくら「やめて」と言ってもやめてくれなかったら頭にくるよね。先生だって，頭にきて，カーッとします。 ・では，そのとき，みんなはどんなことをしましたか？ ＜したことの例＞　たたいたり，けとばしたりした／もっとすごい悪口を言った／やり返した／友達や物に八つ当たりした／味方を呼んできてケンカになった／じっとがまんした ・そのとき，どんな気持ちになりましたか？ ・（反応を受けて），仕返しすると，相手が泣いたり大げんかになってしまいます。反対にじっとがまんばかりしていると，つらい気持ちや悲しい気持ちがふくらむばかりで相手には伝わりません。仕返しやがまんでは，自分と友達の両方がニコニコマークになることができないのです。	●子どもの体験を共感的に聞き，板書する。 ●ションボリマークやイライラマークなどの表情を使って，どれもすっきりしない気持ちであることを確認する。
2　自分も友達もニコニコマークになるコツを知らせる ・自分も友達も ニコニコマークになるコツ は3つあります。 ①深呼吸して，1・2・3 ・カーッとした気持ちやへこんだ気持ちを小さくするコツは，深呼吸してゆっくりと数を数えることです。落ち着いてからどうしたらいいか考えると，失敗が少ないです。 ②ていねいにお願い ・相手に自分の気持ちを伝えて，ていねいにお願いします。 ③こまったときは相談 ・先生や友達への相談は言いつけではありません。お互いにニコニコマークになる立派な方法です。「先生に言ってやる」と言ったり，仲間を呼びに行ったりしないで，そっとその場を離れます。	●3つのコツを提示。 ●実際に深呼吸をする。 ●言い方の例を示す。
3　チャレンジの方法を説明する ・では，今日からこの3つのコツにチャレンジしていきましょう。 ・うまくできている人を見つけたら，こっそりと「へそくり発見かあど」に書いて，「友だちは見たぽすと」に入れてください。帰りの会で発表します。	

へそくり発見かあど

へそくりは，ほかの人にわからないように，こっそりお金をためることです。
でも，ここで見つけるのはお金ではありません。
ほかの人がこっそりがんばっていることです。

☆ 発見した日　　□ 月　　□ 日

☆ だれが，どんなことをしていましたか。

<だれが>　　　　　<どんなことを>

　　　　　さんが

☆ それを見てどう思いましたか。

あっているところに色をぬる	そのわけ
◇ すごい ◇ えらい ◇ さすが ◇ まいった	

☆ 発見者の名前

☆ 見つかった人からの一こと

友達関係のスキル16

うれしいときは笑顔やガッツポー身振りで気持ちを表す

うれしいときや面白いときに何もリアクションをしないと，場を白けさせたり一緒にいてもつまらない，つきあいにくいというイメージをもたれやすい。結果として，グループに入れなかったり，孤立したりすることもある。ここでは場や状況に応じたリアクションをとることを，ゲーム感覚で抵抗なく体験させて，低学年のうちから自己表現することに慣れさせたい。

気持ちのサインを送ろう！

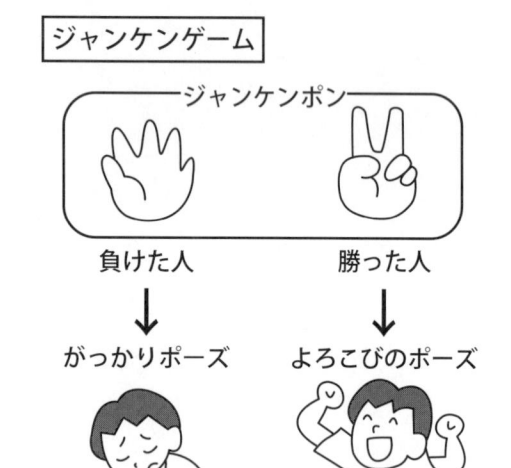

ジャンケンゲーム

ジャンケンポン

負けた人 → がっかりポーズ
勝った人 → よろこびのポーズ

めいれいゲーム

・「めいれい○○」と言ったらポーズあり
・「○○」とだけ言ったらポーズなし

めいれい！ワハハポーズ
ワハハ

ワハハポーズ
シーン

リアクションゲーム

お題の例
・うんこを踏んだとき
・えんぴつを貸してもらったとき
・先生がダジャレを言ったとき
・リレーでチームが勝ったとき
・友達の牛乳をこぼしたとき

ドッジボールに勝ったとき！
やったー！
ウォー！

いろいろなゲームの中で、リアクションのある・なしを体験させ、その時の気持ちについて振り返らせる。

ズなどの

学習時期の目安	2学期後半
チャレンジ期間	1週間
スキルの種類	配慮☐　かかわり☑

目 標	・うれしいとき，残念なとき，面白いときは，リアクションする
チャレンジの手順	①チャレンジの仕方について説明を聞く（1日目）▶▶▶▶▶▶▶▶▶▶▶▶▶▶▶▶ 次ページ参照 　　　　　同　　　（2日目）▶▶▶▶▶▶ 1年生は155ページ参照　2年生は156ページ参照 ②1週間，リアクションポーズにチャレンジする ・1年生は毎日の帰りの会で，チャレンジカード（P192）を使って自己評価する。 ③チャレンジを振り返る ・2年生は1週間後に「ベストリアクションとうひょうカード」（P157）を使って相互評価する。
チャレンジ期間中の支援	・「表現することが大切です」「相手が嫌な気持ちになるリアクションはやめよう」と声をかける。

留意点

- 表現することが目的なので，いろいろなポーズを自由にやらせたい。安全のために机のないスペースで実施する。
- 各ポーズのイメージをつかませるために，左のイラストを使って絵入りのカードを用意しておくとよい。
- ここでは代表の子ども数人のポーズからいちばん気に入ったポーズをやる方式だが，学級の実態にあわせてルールは変更する。（例えば，恥ずかしがってやらない子どもがいた場合，初めはポーズをひとつに固定して，日常生活ではおのおのが気に入ったポーズをやらせる）
- ここでは子どもたちの集中力に配慮して指導を2日間に分けているが，学活の一単位時間を使って集中的に行うことも可能である。
- 2日目の指導は，発達段階を考慮して1年生と2年生で内容を変えたが，クラスの実態に合わせてどちらを選んでもよいし，両方行うことも可能である。

今後の展開

- 子どもたちの実態に応じて，マナーカルタやリアクションゲームに発展させ，マンネリを防ぐとともに，楽しさの中で自分を表現する方法を体験させる。
- 自己評価や相互評価を工夫して，覚えたリアクションを日常的に使うことを促す。
- 中高学年で行う場合などは，「喜び」や「がっかり」の程度を大中小などのレベルに分けてアクションやポーズを考えさせると，さりげない表現も取り入れられる。

友達関係のスキル16

うれしいときは，笑顔やガッツポーズなどの身振りで気持ちを表す

チャレンジの説明	気持ちのサインを送ろう！

1日目（共通）
—学活20分—

教師のセリフと行動	留意点
1 うれしいときのリアクションポーズを知る ・ジャンケンに勝ったときはうれしいですよね。そのときの気持ちを顔や声や体で表してみましょう。せーの……，うれしいときのポーズ。 ・うれしい気持ちがよく出ていると思った人を教えてください。 ・うれしいとき，顔は笑顔でガッツポーズや「ヤッター」という声が出るんだね。これに「喜びのポーズ」という名前をつけます。 **2** 「喜びのポーズ」を決める ・だれの「喜びのポーズ」が気に入りましたか。先生の合図でいちばん気に入ったポーズをやってみましょう。せーの……，喜びのポーズ。 **3** 残念なときのリアクションポーズを知る ・負けて残念なときはどんな顔や声やポーズをしますか？ やってみましょう。せーの……，残念なときのポーズ。 ・残念な気持ちがよく出ていると思った人を教えてください。 ・残念なときはがっくり肩を落としてしょんぼりしちゃうね。これには「がっかりポーズ」という名前をつけます。 **4** 「がっかりポーズ」を決める ・だれの「がっかりポーズ」が気に入りましたか。先生の合図でいちばん気に入ったポーズをやってみましょう。せーの……，がっかりポーズ。 **5** ジャンケンゲームをやる ①2人組でポーズつきジャンケンをする ・これからジャンケンゲームをします。勝ったら「喜びのポーズ」，負けたら「がっかりポーズ」をしましょう。 ②2人組でポーズなしでジャンケンをする ・次は絶対にポーズを使わないでジャンケンをします。勝っても喜んではいけません。笑っても声を出してもガッツポーズを出してもいけません。負けた人も絶対にがっかりしてはいけません。 **6** スキルの意義を確認する ・ポーズなしのジャンケンをしてみてどんな気持ちでしたか？ ・シーンとしてジャンケンをやっても，なんだか盛り上がらないですね。うれしいときは「喜びのポーズ」をしたほうがお互いに楽しくなります。「がっかりポーズ」は楽しくはありませんが，なんだかすっきりしますね。これはジャンケンのときだけではありません。これからはうれしいときや残念なときに使っていきましょう。	●推薦された子ども数人に前に出て実演してもらい，みんなでまねをする。 ●推薦された子ども数人に前に出て実演してもらい，まねをする。 ●①②とも，まずは5回程度勝負させて，その後に時間がある場合は，相手を変えて繰り返し行わせる。 ●大喜び，中喜び，小喜びのようにレベル分けしてポーズが違うことに気づかせると効果的である。

2日目（1年生）
―学活20分―

教師のセリフと行動	留意点
7 面白いときのリアクションポーズを知る ・昨日やったことを思い出しましょう。うれしいときのサインは「喜びのポーズ」，残念なときのサインは「がっかりポーズ」でした。 ・では，面白いときのサインはどんなポーズでしょうか？　みんなでやってみましょう。せーの……，面白いときのポーズ。 ・面白い気持ちがすごく出ていると思う人を教えてください。 ・面白いときには心がワクワクするよね。それに合わせて声を出して笑ったり拍手をしたりすると，周りまで楽しくなります。 ・では，面白いときのポーズを「ワハハポーズ」と名づけます。 **8** 「ワハハポーズ」を決める ・だれの「ワハハポーズ」が気に入りましたか？　先生の合図でいちばん気に入ったポーズをやってみましょう。せーの……，ワハハポーズ。 **9** 命令ゲームをやる ・では，これから命令ゲームをします。ルールを説明します。これから先生がポーズの名前を言います。もし，ポーズを言う前に「命令！」とついたときは，先生の言うとおりのポーズをしてください。もし，「命令！」と言わないでいきなり「喜びのポーズ！」と言った場合は，ポーズをしてはいけません。うっかり間違えてしまった人は座ります。最後まで立っていた人が勝ちです。わかりましたか？ ・では始めます。ポーズの種類は，「喜びのポーズ」「がっかりポーズ」「ワハハポーズ」のほかに，「ありがとう」「ごめんなさい」も言うので注意していてね。では，命令……○○○○ポーズ。 **10** チャレンジの仕方を説明する ・命令ゲームをしてみてどんな気持ちになりましたか？ ・自分の気持ちをうまく伝えることができるとすっきりしますね。反対に友達が何が言いたいのかわかってもすっきりします。つまり，ポーズを使うとみんながすっきりしますね。これからは自分の気持ちに合わせて上手にポーズを使っていきましょう。 ・では，みんなにチャレンジカードを配ります。 ・明日から毎日，うまくポーズを使えたかどうかを振り返って，あてはまる動物のイラストに色をぬりましょう。	●号令をかけて実際にポーズをさせる。 ●推薦された子ども数人に前に出てやってもらい，まねをする。 ●巻末のチャレンジカード（P192か193）を使って自己評価させる。

155

友達関係のスキル16

うれしいときは，笑顔やガッツポーズなどの身振りで気持ちを表す

2日目（2年生）
―学活20分―

教師のセリフと行動	留意点
7　面白いときのリアクションポーズを知る ・昨日やったことを思い出しましょう。うれしいときのサインは「喜びのポーズ」，残念なときのサインは「がっかりポーズ」でした。 ・では，面白いときのサインはどんなポーズでしょうか？　みんなでやってみましょう。せーの……，面白いときのポーズ。 ・面白い気持ちがすごく出ていると思う人を教えてください。 ・面白いときには心がワクワクするよね。それに合わせて声を出して笑ったり拍手をしたりすると周りまで楽しくなります。 ・では，面白いときのポーズを「ワハハポーズ」と名づけます。 **8　「ワハハポーズ」を決める** ・だれの「ワハハポーズ」が気に入りましたか？　先生の合図でいちばん気に入ったポーズを練習しましょう。せーの……，ワハハポーズ。 **9　リアクションゲームをやる** ・では，いまからリアクションゲームをします。これから先生が出すお題に合ったリアクション，つまりポーズをします。例えば，「ドッジボールに勝ったとき」だったらどのポーズですか？　そうですね，「喜びのポーズ」ですね。 ・じゃあ練習します。「ドッジボールに勝ったとき！」……その調子です。 ・「喜びのポーズ」「がっかりポーズ」「ワハハポーズ」のほかに，「ありがとう」「ごめんなさい」を言うお題を出すので注意して聞いていてね。では，始めます。○○○○○○○とき！ 　＜提示例＞ 　・うんこを踏んだとき　　・リレーでチームが勝ったとき 　・鉛筆を貸してもらったとき　・友達の牛乳をこぼしたとき 　・先生がダジャレを言ったとき **10　チャレンジの方法を説明する** ・自分の気持ちを表すことは，友達と楽しく仲よくすごすためのコツです。 ・これから1週間を，みんなでリアクションに挑戦する期間にします。1週間たったら，ベストリアクションを選びます。だれのリアクションがよかったか，友達のリアクションを観察して「ベストリアクションとうひょうカード」に書いてください。それではがんばりましょう。	●号令をかけて実際にポーズをさせる。 ●推薦された子ども数人に前に出てやってもらい，まねをする。 ●お題を表す絵入りカードがある場合は提示する。 ＜そのほかのお題の例＞ ・宝くじに当たったとき ・プレゼントをもらったとき ・友達がおもしろいギャグを言ったとき ・かけっこで1等になったとき ・デザートジャンケンに負けたとき ●「ベストリアクションとうひょうカード」を配布。

ベストリアクションとうひょうカード

この人に きよき1ぴょうを とうひょうします

その人の名前	すばらしかったりあくしょん

年 組ベストリアクション

だい □ 位 □ ひょう

___ さま

あなたは 年 組のベストリアクションとうひょうでみごと □ 位になりました。
あなたのリアクションはみんなのお手本です。
これからも、いろいろなところで気もちのサインをみんなにおくってください。

年 月 日

年 組たんにん ___ より

友達関係のスキル17

友達が何かをうまくしたときには「上手だね」とほめる

仲間同士で認め合うことは，お互いが信頼し合い，友達関係を広げたり深めたりするうえで重要である。しかし，低学年は自己中心的な発達段階にあり，自分のことで精一杯である。そこで，まず友達に興味をもち，その成功に気づかせることから始めたい。また，言われるとうれしい言葉，ほめ方やほめる場面にはどのようなものがあるかを理解させたい。

ほめほめ大さくせん

① うれしい言葉を出し合う

がんばったとき初めてできたとき言われてうれしかった言葉は何ですか？

うれしいことば
・じょうずだね
・すごいね
・がんばったね
・……

私は絵が上手と言われたのがうれしかったです

いくつかの言葉を選んで「うれしいことばの木」に書き込む

② うれしい言葉を言うことができたらその言葉のマスにシールをはる

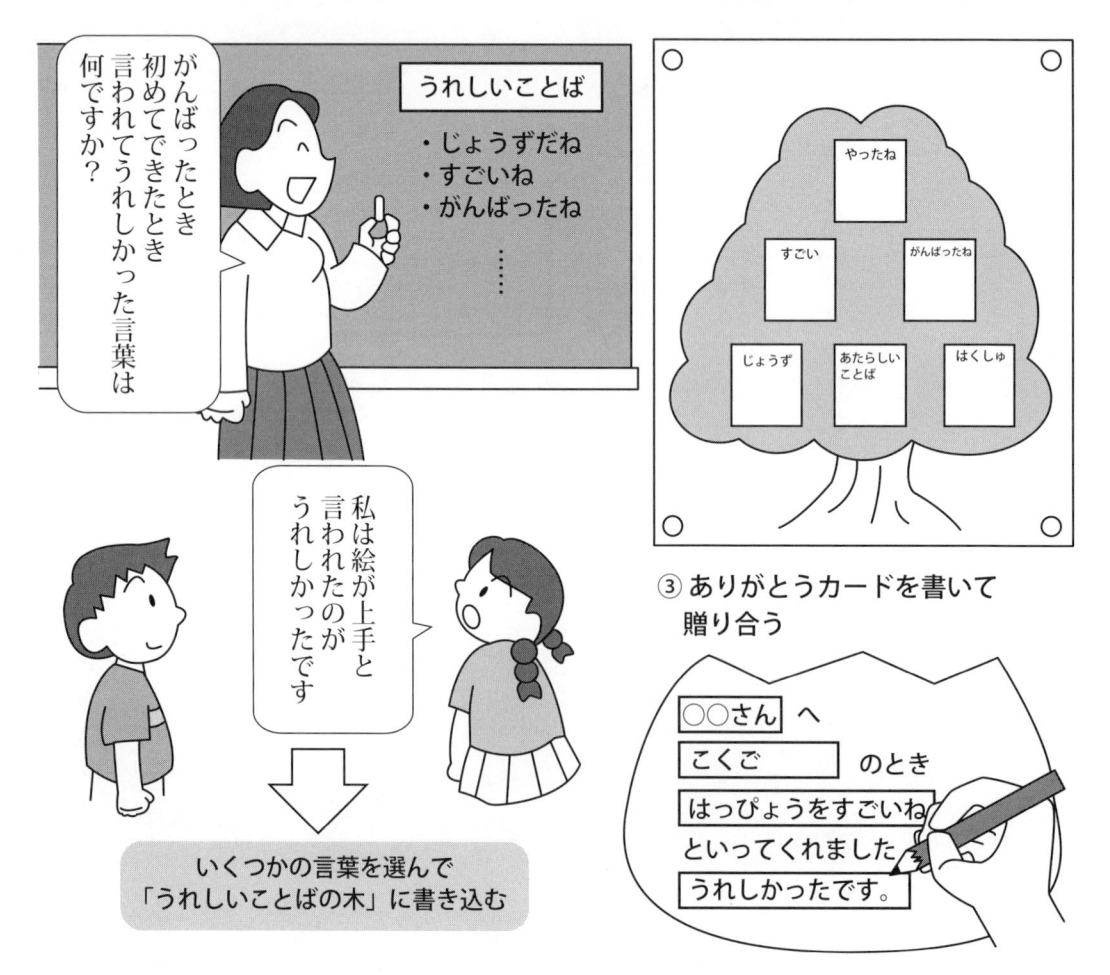

やったね
すごい
がんばったね
じょうず
あたらしいことば
はくしゅ

③ ありがとうカードを書いて贈り合う

○○さん へ
こくご のとき
はっぴょうをすごいね
といってくれました
うれしかったです。

学習時期の目安	2学期
チャレンジ期間	1週間
スキルの種類	配慮☑　かかわり☐

目標	・友達ががんばったときを見つけて、すかさずほめる

チャレンジの手順	①チャレンジの仕方について説明を聞く ▶▶▶▶▶▶▶▶▶▶▶▶▶▶▶▶▶▶▶▶▶▶▶ 次ページ参照 ②月曜日から金曜日まで、「ほめほめ大さくせん」を遂行する ・自分が友達をほめたときは、「やるきになるうれしいことばの木」の該当する枠に色シールをはる。 ・新しくうれしい言葉を見つけたら、カードシールに書いて「やるきになるうれしいことばの木」の「あたらしいことばのちょきんばこ」の枠にはる。 ③金曜日にチャレンジを振り返る ・うれしいことばの木に実が付いたことを確認する。 ・新しい言葉の枠にはり付けられたシールを読み上げて紹介する。 ・1週間を振り返り、「ありがとうかあど」(P195) に、「自分が言われたうれしい言葉」「言ってくれた人」「自分のそのときの気持ち」を書く。書き終わったら、「しあわせぽすと」に投函する (P188参照)。忘れた人は家族や先生から言われたことでもよい。
チャレンジ期間中の支援	・毎日の帰りの会などで、うれしいことばの木にはられたシールや、新しい言葉のカードに注目させ、活動を盛り上げる。このとき、口頭で「今日のありがとう」を伝え合うコーナーを設けてもよい。

留意点

- ほめられるとうれしくなって、相手にお返しをしたくなる。そのことが自分以外の仲間を意識することにつながる。また、自分がしたことで友達が喜ぶ姿を見せて、共感できる他者の存在に気づかせたい。
- 「ありがとうかあど」は実態に合わせて、金曜日ではなく週の途中で書かせてもよい。
- 「やるきになるうれしいことばの木」にはるシールは、市販の色シール、字が書けるカードシールを用意する。
- 実態に合わせて、チャレンジ④として、ポストに投函された「ありがとうかあど」をお互いに渡し合う場面を設定してもよい。ただし、その場合は、教師も一緒に書いたりして全員に最低1枚はカードが渡るように配慮する。

今後の展開

- 1週間後の様子を見て継続するかどうか決める。

友達関係のスキル17
友達が何かをうまくしたときには「上手だね」とほめる

チャレンジの説明　ほめほめ大さくせん

―学活30分―

教師のセリフと行動	留意点
1　これまでに言われてうれしかった言葉を出し合う ・みんなが何かがんばったときとか，上手にできたときとか，ずっと練習していたことが初めて成功したときとかに，どんな言葉を言ってもらったらうれしかったかな。 ・今日は，友達や家族に言ってもらってうれしかった言葉を思い出してみよう。たとえば先生は……。みんなはどうですか。 ・その言葉を言われたとき，どんな気持ちになりましたか？ ＜反応例＞ ・元気もりもりになった ・やる気まんまんになった ・自信がついた ・幸せな気持ちになった **2　友達をほめる言葉を選ぶ** ・では，みんなが元気でやる気満々で自信があって幸せになるように，がんばったときや何かできたときにはお互いにほめ合いましょう。名づけて「ほめほめ大さくせん」です。 ・さっきのみんなの意見の中から使えそうな言葉を選びます。 ・これらの言葉は，人に言われて「うれしいことば」です。これを，「やるきになるうれしいことばの木」にはります。 **3　チャレンジの方法を説明する** ・来週の月曜日から1週間，みんなで「ほめほめ大さくせん」をします。やり方を説明します。 ・友達をほめるときに自分が使った言葉の下にシールをはります。例えば，だれかに「じょうずだね」と言えたら，その言葉の枠の中に，自分の名前を書いた色シールをはります。 ・ここにはない新しい言葉を思いついたら，その言葉をカードシールに書いて「あたらしいことばのちょきんばこ」にはります。 ・シールとカードは先生の机の上に置いておきます。休み時間にはってください。言った言葉を忘れないうちにはってね。 ・みんなで「うれしいことばの木」にたくさんのシールをはって，「やる木」に育てましょう。	●初めに教師が自分の例を出してヒントにする。 ●出た意見をどんどん板書する。 ●意見が出にくい場合，たとえば「絵が上手に描けたときは何と言われましたか？」「鉄棒が上手にできたときは？」など，具体的な場面をあげる。 ●子どもに確認しながら，ある程度教師主導で選ぶ。 ●集中力を考えると，月曜日から始めるのが望ましいが，別の曜日から始める場合は，期間を明確に伝える。 ●実際にシールを使ってやってみせる。

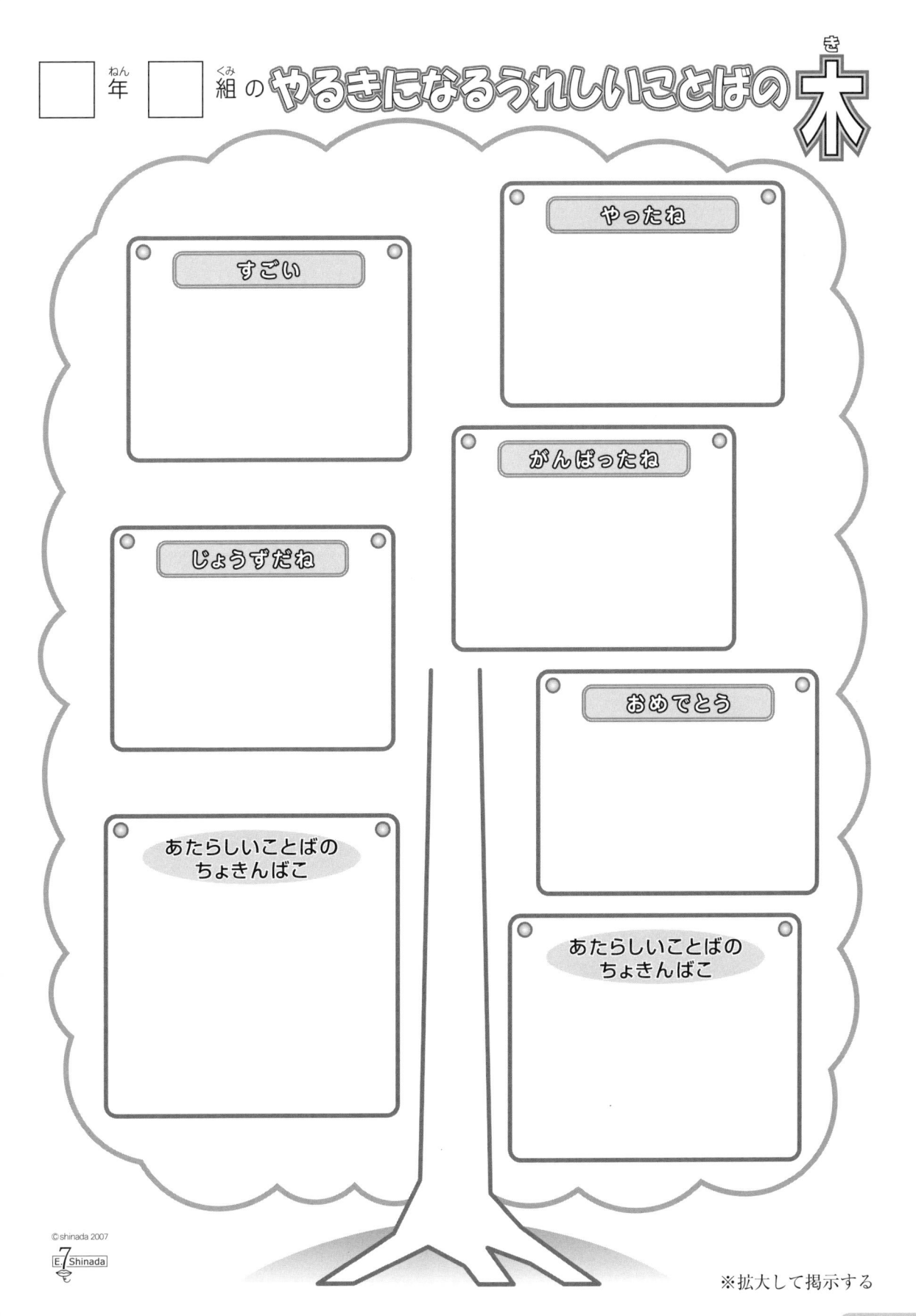

☐年 ☐組の やるきになるうれしいことばの 木

- すごい
- やったね
- がんばったね
- じょうずだね
- おめでとう
- あたらしいことばの ちょきんばこ
- あたらしいことばの ちょきんばこ

※拡大して掲示する

友達関係のスキル18

みんなのためになることは自分で見つけて実行する

低学年は自分の仕事に忠実であるあまり，だれかが気を利かせて手伝うと「仕事を奪われた」と解釈して，批判をしてしまうことが少なくない。これではみんなのためになることを考えて実行しても報われない。そこで，フォローすべき場面をあらかじめ提示しておくことで，どんなときにどのようなことをすれば，みんなのためになるのかについて，体験を通して徐々に理解させていきたい。

ナイスフォロー

① ナイスフォローについて確認する

○ ナイスフォロー！
人が困っているときに助けること

ふきんをとってきたよ

× おせっかい
困っていないのに無理に助けること

私が係なのに……

貸して！私がやってあげる

② ナイスフォローのマナーを確認する

1 係の仕事を手伝うときは「手伝おうか」ときく
2 必要なときは自分から言う
3 おまかせにしないで一緒にやる
4 フォローにはお礼を言う
5 発見したら「ナイスフォロー」と声をかける

③ ナイスフォローをカードに書いて認め合う

ナイスフォローを発見したら
→ パチパチカード （P.194）

フォローをしてもらったら
→ ありがとうカード （P.195）

学習時期の目安	２年生２学期
チャレンジ期間	１週間
スキルの種類	配慮☐　かかわり☑

目　標	・マナーを守ってさりげなくフォローする
チャレンジの手順	①チャレンジの仕方について説明を聞く ▶▶▶▶▶▶▶▶▶▶▶▶▶▶▶▶▶▶▶▶▶ 次ページ参照 ②ナイスフォローを実行する ・ナイスフォローのチャンスを見つけて，実際にこまっている友達を助ける。 ③カードに書いて認め合う ・ナイスフォローを実行している人を見つけたら，「ナイスフォロー」と声をかける。それ以外は「パチパチカード」（P194）に書いて「友達は見たポスト」に入れる。 ・自分がフォローをしてもらった場合は，「ありがとうかあど」（P195）に書いて「しあわせぽすと」（P188）に投函する。 ・ポストにたまったカードを紹介して，ナイスフォローがうまくできた人を表彰する。
チャレンジ期間中の支援	・教師はモデルやヒントとなるフォローを見逃さずに，全体に紹介して広めていく。 ・フォローされる側が，「なんでも自分でやらなくては気がすまない」というなわばり意識から脱却できるように支援する。 ・フォローする子に任せっきりで，ぼう然としてしまう子もいる。そのような場合には，一緒にやることや，最後にお礼を言うことを定着させたい。また，困ったときは助けを待つのではなく，自分からSOSを発することが大切だと気づかせたい。

留意点

- 低学年は活動意欲や技術に個人差が大きく，ときにフォローの域を超えてお節介やスタンドプレーが増え，一人一人の活躍の場が確保できなくなる危険性もある。そこで，ただ奨励するのではなく，最初は適切なフォローの場面を例示して取り組ませたい。
- 実際のフォローについて，どこがよかったかを全体に解説する一手間を惜しまないことが，お節介やスタンドプレーを防止し，どんなときにさりげない配慮が必要かを理解させることにつながる。
- チャレンジ期間中，帰りの会に「今日のナイスフォロー」を発表する時間を設けてもよい。
- カードで振り返る時間がとれない場合は，学期末などにまとめて認め合いの活動を行う。

今後の展開

- 体育のチームプレーと関連づけて，「ナイスフォロー」の意味を考えさせたり，声かけを習慣化させたりする。

友達関係のスキル18
みんなのためになることは自分で見つけて実行する

チャレンジの説明　ナイスフォロー

—学活30分—

教師のセリフと行動	留意点
1　「フォロー」と「お節介」の違いを説明する ・今日は「ナイスフォロー」についてお話しします。人が困っているときに助けることを「フォロー」といいます。困っていないのに無理やり助けるのは「お節介」といいます。相手がうれしくなるのが「ナイスフォロー」です。 **2**　クイズをする ・クイズです。次に言うことは「ナイスフォロー」?「お節介」? ①「牛乳をこぼしたときにみんなでふくのを手伝う」 正解は，ナイスフォロー。こぼした人は助かりましたね。 ②「黒板係がふこうとしたときに先にやってあげる」 正解は，お節介。黒板係は自分の仕事を取られてショックです。 ③「係が仕事を忘れていたときに教えてあげる」 正解は，ナイスフォローですね。係の人は大助かりだし，クラスのためにもなりました。 **3**　「ナイスフォロー」のコツを知らせる ・「ナイスフォロー」か「お節介」かはむずかしいね。でも，見分けるコツがあるのです。「ないす！ふぉろー!!のちゃんす」を見てください。 ①「牛乳をこぼしたときにみんなでふくのを手伝う」 この場合は急いでふかないとびしょびしょになりますよね。緊急事態です。だから，ナイスフォローだったのですね。 ②「黒板係がふこうとしたときに先にやってあげる」 4つのチャンスに当てはまりません。だから，お節介でした。 ③「係が仕事を忘れていたときに教えてあげる」 そのときは大丈夫でも，忘れていると後で困るよね。こういうのもナイスフォローのひとつです。 ・このほかにもナイスフォローできるチャンスがあります。「ふぉろーのひんと」を見てください。たとえば…… **4**　チャレンジの方法を説明する ・では，これからみんなでナイスフォローの修業をしたいと思います。その前に，ナイスフォローには守ってほしい5つのマナーがあるのです。「ふぉろーのまなー」を見てください。 ・チャンスを見つけて自然にナイスフォローができる人になりましょう。また，上手にできた人を見つけたら「ナイスフォロー！」と言ってあげましょう。	●資料1を提示。読み上げて説明する。 ●資料1の「3．きんきゅうじたいのとき」を指示しながら言う。 ●資料1の「1．その人がこまっているとき」を指示しながら言う。 ●資料2を提示。読み上げて説明する。 ●資料3を提示。読み上げて説明する。

164

資料1：ナイスフォローのチャンス

ないす！ふぉろー！！のちゃんす

1. その人がこまっているとき
2. みんながこまっているとき
3. きんきゅうじたいのとき
4. おおぜいの人の力がいるとき

※おせっかいはNGだよ

資料2：フォローのヒント（チャンスの例）

ふぉろーのひんと

ぎゅうにゅうをこぼしたとき
にもつがおもそうなとき
SOSが出たとき
かかりが休んだとき
しごとが多いとき

資料3：フォローのマナー

ふぉろーのまなー

1. かかりのしごとを手つだうときには，「手つだおうか」と聞く
2. ふぉろーがひつようなときには，自分から言う
3. おまかせにしないで，いっしょにやる
4. ふぉろーにはおれいを言う
5. ないすふぉろーを発見したら「ないすふぉろー」と声をかける

【資料3の説明例】

- だれかをフォローするとき，またはだれかにフォローしてもらったときは，次のマナーを守りましょう。
- 友達が大変そうなときはまず「手伝おうか？」と聞きます。これがマナーの1，「お節介」にならないためのコツです。
- すごく大変でだれかに手伝ってほしいときは，「手伝ってください」と周りの人に声をかけます。これがマナーの2です。フォローしてほしいときには自分で言う勇気が必要なのです。
- もし友達が手伝ってくれることになっても，できることは自分でやらなければいけません。これがマナーの3，みんなが手伝ってくれているのを見ているだけじゃダメだということです。
- 仕事が終わったら手伝ってくれた人に「ありがとう」とお礼を言います。これがマナーの4，フォローに感謝するのがマナーです。
- 友達のフォローを見つけたときには「ナイスフォロー」と声をかけてあげましょう。5は，周りのみんなのマナーです。
- この5つのマナーを守ると，みんなが気持ちよくナイスフォローすることができるのです。

友達関係のスキル19

相手を傷つけない方法でできない相手に迷惑がかからないように頼

上手な頼み方や断り方は大人でもむずかしく，それがストレスとなり人間関係を左右することもある。例えば断られるとつらいから頼まない，断ると嫌われるから無理をして引き受ける，反対に無理やり頼んだり，冷たく断わったりして，相手を傷つけるなどである。そこで，上手な頼み方・断り方を日常的な場面で繰り返し練習させることで，基本的なマナーに気づかせたい。

ていねいにやさしく

① お話を聞く

新しい色えんぴつをこんきちが「貸して！」と言って先に使ってしまいました

かわいそう

② 頼み方・断り方のコツを考える

ていねいな頼み方
1. 相手が困らないか考える
2. わけを言う
3. お願いする
4. 返事を聞く
5. しつこく言わない

やさしい断り方
1. まずあやまる
2. わけを言う
3. 自分にできることを言う

③ ときどき例題を出して上手な言い方を考える

～ある日の帰りの会～

こんきちがボールをかたづけないで教室へ帰ってしまいました

そのときくまべえは何と言いますか？

ハイ

ことを断る
む

学習時期の目安	１年生３学期
	２年生２学期後半
チャレンジ期間	１週間
スキルの種類	配慮☑　かかわり☑

目標	・できないことは断る／人に頼む

チャレンジの手順	①チャレンジの仕方について説明を聞く ▶▶▶▶▶▶▶▶▶▶▶▶▶▶▶▶▶▶▶▶▶ 次ページ参照 ②ときどき，お題を出して頼み方・断り方の練習をする（お願いゲーム） 例題１）あるとき，くまべえはクラスのボールの後かたづけを，こんきちに頼むことにしました。けがをしたので保健室に行くからです。 　　　 a）さて，そのときくまべえは何と言いますか？ 　　　 b）こんきちがトイレに行きたいときには何と言いますか？ 例題２）あるとき，ぴょん子は消しゴムを忘れたので，くまべえに借りることにしました。 　　　 a）さて，そのときぴょん子は何と言いますか？ 　　　 b）くまべえは自分も忘れたので貸してあげられません。何と言いますか？ 例題３）あるとき，こんきちはテストの答えがわからなかったので，くまべえに教えてもらうことにしました。 　　　 a）さて，そのときこんきちは何と言いますか？ 　　　 b）くまべえは困りました。こんきちのためにならないし，テストを見せてはいけないきまりです。さて，何と言いますか？ ③帰りの会で振り返る ・どこがむずかしかったか，どこがうまくいったかを話し合う。
チャレンジ期間中の支援	・物の貸し借り以外にも，頼んだり断ったりする場面を意図的に設定して，それぞれの場面ごとにどのような言い方をすればよいのかを教える。 ・登場人物の気持ちを想像するときは，表情つきのペープサートを使うとよい。

留意点

・感情が高ぶっているときほど，相手の気持ちや都合が見えなくなる。低学年ではとくにその傾向が強く，相手の言葉や態度から気持ちを察することがむずかしい。適切な言い方を場面ごとに繰り返し練習させて，マナーとして定着させたい。

今後の展開

・答え方だけでなく，例題もみんなであれこれ考えながら，頼む場面や断る場面のバリエーションを増やしていく。
・学級で起こったトラブルを題材に，そのときほかにどんな頼み方や断り方があったかをみんなで考えて，もう一度その場面をやり直す（P144「まきもどして，ドンマイ」参照）。

友達関係のスキル19
相手を傷つけない方法でできないことを断る／相手に迷惑がかからないように頼む

チャレンジの説明　ていねいにやさしく

―学活20分―

教師のセリフと行動	留意点
1　チャレンジの意義について説明する ・これから，ある日の動物村の出来事をお話しします。 「ある日，きつねのこんきちがぬり絵をしていると……」 ・このように，ぴょん子は泣いてしまいました。こんきちのどこがいけなかったのか，考えてみましょう。 ＜反応例＞ ・ぴょん子が「いいよ！」って言ってないのに使っちゃった ・ぴょん子も使っていないのにこんきちが先に使っちゃった ・自分のがあるのに使っちゃった ・命令してる ・（反応を受けて）こんきちには，もっとよい頼み方がありましたね。そうしたら，ぴょん子も泣かずに「ごめんね」と断ることができたと思います。今日は，頼んだり断ったりするときにどうしたらいいか，相手のことを考えた言い方を考えてみましょう。	●資料1のストーリーを，ペープサートを使って子どもたちに読み聞かせる。 ●ペープサートの作り方は，P196を参照。
2　ていねいな頼み方のコツをまとめる ・みんなの意見をまとめると，上手な頼み方のコツは5つになります。1つずつ説明していきます。 ・つまり，上手な頼み方とは，相手の気持ちを考えてていねいに頼むことです。こんきちになったつもりで言ってみましょう。 「ぼく，この色の鉛筆をもっていないから，貸してくれない？」	●資料2のコツを掲示。順に読んで説明する。 ●こんきちのせりふを全員で言ってみる。
3　やさしい断り方のコツをまとめる ・次は，上手な断り方のコツです。3つあります。1つずつ説明していきます。 ・つまり，上手な断り方とは，相手の気持ちになってやさしく断ることです。ぴょん子になったつもりで言ってみましょう。 「ごめんね。私もまだ使っていないんだ。使ったらこんきち君に言うからね。ごめんね」	●資料3のコツを掲示。順に読んで説明する。 ●ぴょん子のせりふを全員で言ってみる。
4　チャレンジの仕方を説明する ・これからときどき，練習のために，お願いゲームをします。先生がお題を出しますから，そのときはみんなで，なんと言ったらいいかを考えて練習しましょう。 ・ふだんも友達に何かを頼むときには，「こんきちの失敗」を思い出して，ていねいに頼みましょう。断るときには，相手のことを考えてやさしく断りましょう。	●お願いゲームのやり方とお題の例はP167を参照。

資料1：動物村の出来事（ストーリー）

場面1
　ある日きつねのこんきちがぬりえをしていると，ぴょん子の新しい色鉛筆に気がつきました。そしていきなり「これ借りるぞ！」と言って取り上げ，ぬりはじめました。

場面2
　「わたしもまだ一度も使ってないのに，ひどい！」とぴょん子は泣き出し，教室は大騒ぎです。

場面3
　「なんだい，けち！　いいよ，自分の使うから」と，こんきちはぴょん子に色鉛筆を返しましたが，ぴょん子は泣きやみません。

資料2：ていねいな頼み方のコツ【説明例】

1．相手が困らないか考える
　新しい色鉛筆をぴょん子より先に使ったらかわいそうだよね。みんながこんきちだったら，ぴょん子が使ってから頼んだほうがいいよね。

2．頼みたいことや頼みたい訳をはっきりと言う
　それでもどうしてもこんきちが借りたかったら，ちゃんとわけを言わないとだめだよね。

3．命令ではなくお願い
　言い方も命令じゃだめだよね。お願いしなくちゃね。たとえば「ぼくはミントグリーン持っていないから，貸してくれないかな」という感じだね。

4．返事を聞く
　相手が「いいよ！」という返事をしてから借りないとだめだね。

5．しつこく言わない
　断られたら，しつこく言わないであきらめることも大切です。一回断ったのに，ずっと「貸して，貸して……」と言われたらどうかな。困っちゃうよね。

資料3：やさしい断り方のコツ【説明例】

1．あやまる
　いきなり「だめ！」とか「やだ！」とか言うと，「なんだ，けち」と言い返されて，けんかになります。だから，断る前にまず「ごめんね」と一言つけ足すのがコツです。

2．断る訳を言う
　たとえばぴょん子だったら，「私もまだ一度も使ってないんだ。使ってからならいいんだけど」と，言えるといいね。

3．自分にできることを言う
　もし，「自分が使った後なら貸してあげてもいいな」と思うなら，それを伝えます。たとえばぴょん子だったら，「ちょっと待っててね。私が使ったら，ちゃんとこんきち君に言うから」という感じです。

友達関係のスキル20

友達とけんかしたときに自分にも悪いところがないか考える

けんかをしたときに，いつも相手を一方的に責めていたのでは，勘違いや独りよがりを克服できず，調整は不可能である。結果的に対立や孤立を深め，良好な人間関係を築くことができない。これが行動パターンとして定着する前に，自分を振り返ることの大切さに気づかせ，少しずつその方法を習得していく必要がある。

なかなおりカード

①けんかを解決できないときは、だれかに監督をおねがいする

けんか中
落ち着いて深呼吸だ
先生に監督になってもらおうよ

②けんかの場面を思い出してなかなおりカードに書く

Aくんが消しゴムをとったの
うんうん
貸してって言ったのに…
私、聞いてた

③NGシーンを修正する

貸してね
サッ
貸して
いいよ

NGシーン　OKシーン

④仲直りできたらカードにサインをして握手する

ごめんね
こっちこそ…

学習時期の目安	2年生3学期
チャレンジ期間	1週間
スキルの種類	配慮☑　かかわり☐

目 標	・けんかをしたら，自分と相手の行動を思い出して，悪かったところをやり直す
チャレンジの手順	①チャレンジの仕方について説明を聞く ▶▶▶▶▶▶▶▶▶▶▶▶▶▶▶▶▶▶▶▶▶▶▶▶ 次ページ参照 ②友達とけんかしたときに，「仲直りカード」を使った話し合いを実行する ・深呼吸して心を落ち着ける。 ・仲直りカードをもってきて，先生に監督をお願いする。 ・関係者で，けんかの場面をはじめから思い出す。 　カードには，そのときに「したこと」と「言ったせりふ」を監督が書く。 ・カードのNGシーンだと思う場面に×をつける。 ・NGシーンをOKシーンに修正する。 　OKシーンのせりふを練習してから，実際に相手に言う。 ・仲直りできたら，2人でカードにサインをして握手する。 ・監督にお礼を言う。 ③教師がフィードバックをする ・OKシーンのせりふを考えられたことや，仲直りできたことをほめる。 ・子どもが監督をしたときには，シールなどを活用して評価する。
チャレンジ期間中の支援	・低学年では，自分で自分の行動を振り返ることはむずかしい。教師が「なかなおりカード」にそって一人一人に問いかけ，答えを書き込む過程を通して気づかせるとよい。

留意点

・「しんこきゅうして，1・2・3！」（P148）を指導済みの場合は，資料を提示して，思い出させる。
・最初は教師が監督をするのが望ましい。慣れてきたら，子ども同士の解決を近くで見守る。解決後は，けんかしたときと仲直りしたときの気持ちの違いを聞き，この次にはけんかにならないせりふを言えるように励ます。
・教師がいないところで子どもが監督をしたときには報告させ，当事者と監督を同様に評価する。監督をした子には，学期末に「ありがとうかあど」（P195）を書いて，ねぎらうとよい。
・OKシーンで，自分からあやまりに行かせるか，当事者を呼んで場面設定をするかは，子どもの実態に応じて決める。解決したら全体に報告して認める。

今後の展開

・振り返りに慣れてきたら，自力でカードに書き込ませたり，4コマ漫画を使ってNGシーンやOKシーンのせりふを考えたりさせる。

友達関係のスキル20
友達とけんかしたときに自分にも悪いところがないか考える

チャレンジの説明　なかなおりカード

—学活30分—

教師のセリフと行動	留意点
1　「仲直りカード」の使い方を説明する ・これから見せるお話は，ある日の動物村の出来事です。 ・（お話をした後）この2人のようにずっと言い合いをしていたら，けんかは終わりません。仲直りもできません。 ・今日は，友達とけんかをしたときの仲直りのコツを，動物村のけんかの「仲直りカード」を使って，説明します。 ・まず，このお話のなかで仲直りをしたいのは，ぽんたとこんきちなので，カードの「ビデオに出ている人」のところに名前を書きます。「監督」は，ぴょん子とくまべえです。 ①深呼吸して，1・2・3 ・はじめに，けんかで怒っている心のスピードを少しずつ遅くして止めます。合い言葉は「深呼吸して，1・2・3」です。 ②けんかを初めから思い出す　※記入例の①の欄を順に読む ・どうしてけんかになったか思い出します。それにはビデオみたいに場面を巻き戻します。けんかが起こる前まで巻き戻し，自分と相手が「言ったこと」と「したこと」をカードに書きます。 ③NGシーンを見つける ・カードを見ながら，もう一度同じことがしたいか考えてみます。「ここを変えたい」「ここが違えばけんかにならなかった」というところがあればNGシーンです。カードに×を書きます（書き入れる）。 ④仲直りのせりふを考えて言う（OKシーンにする） ・NGシーンをどんなせりふに変えて，どんなことをしたらいいか考えます。そして，ちゃんとできるように練習します。 ⑤サインをして握手する ・OKシーンで仲直りできたら，2人でサインをして握手をします。 **2**　チャレンジの仕方を説明する ・今日は，動物村のけんかについて説明しました。みんなも，これからけんかのときは，この「仲直りカード」を使いましょう。 ・最初は先生が監督をします。慣れてきたら自分たちでカードに書き込んでみましょう。 ・もし，お友達に仲直りの達人がいたら，監督をやってもらいましょう。そして，解決できたら，先生に報告します。でも，むずかしいケンカのときは，まずは先生に報告してくださいね。	●ペープサート（P196）で資料1のけんかの状況を説明する。 ●資料3（記入例）を拡大して掲示し，教師が記入例を読みながら，ぽんたとこんきちから話を聞き取るように説明する。 ●大きく息を吸ってはきながら3つ数える。足りない場合は，もう少し数を数える（P128参照）。 ●監督は出来事を整理してカードへ記入する。 ●原因を考えさせるときは，ビデオの巻き戻しにたとえると，イメージがわいて，取り組ませやすい。 ●子どもたちの意見を記入例に書き入れる。 ●<u>仲直りのコツ</u>（資料2）を，大きく紙に書いて，教室に掲示しておく。

資料1：動物村の出来事（ストーリー）

①ある日，たぬきのぽんたと，きつねのこんきちが，けんかをしていました。

②それを見ていた，ひぐまのくまべえと，うさぎのぴょん子が，2人をとめに行きました。
そして，2人に別々に話を聞くことにしました。

③くまべえは，こんきちに，どうしてけんかになったのか聞きました。こんきちは，一生懸命に思い出そうとしましたが，さっぱり思い出せませんでした。
ただ，「ぽんたがたたいたから悪いんだ」と言うばかりです。

ぴょん子も，ぽんたにわけを聞きました。しかし，ぽんたもさっぱりわかりませんでした。
「こんきちのせいで，絵がだいなしになった」と言って怒ってばかりです。

資料2：仲直りのコツ

①しんこきゅうして 1・2・3

②はじめから思いだす

③NG シーンを見つける

④なかなおりのせりふを考えて言う

資料3：動物村のけんかの「仲直りカード」

なかなおりカード

（記入例）

©shinada 2007

月　日（　）　　まいめ

1 けんかがはじまる前にもどります
したこととせりふを思い出して，
じゅんばんに◯に入れてみよう

ビデオをまきもどして，スタート

```
ぽんたとこんきちは
休み時間に
ふたりでなかよく
お絵かきをしていました。
```

↓

```
こんきちの手が
ぽんたにあたりました。
ぽんたの手がうごいて，
くれよんの線が
ずれてしまいました。
```

↓

✗ NGシーン
```
ぽんたは、あたまにきて
「なにするんだよう！」
とこんきちをたたきました。
こんきちは
「ちょっとだけじゃないか！」
とぽんたにしかえしをしました。
```

↓

```
あたまにきたぽんたは，こんきちの絵を
ぐちゃぐちゃにしました。
それを見たこんきちも，ぽんたの絵を
ぐちゃぐちゃにしました。
こうしてふたりは、おおげんかになりました。
```

ビデオにでている人

はがくれぽんた
やまなかこんきち

2 ☆左の◯のなかから
NGシーンをさがして
せりふをかえてみよう

新しいせりふ

☆新しいせりふを言ってみて
OKシーンになるかたしかめよう

3 なかなおりできたら，
サインをして，あくしゅをしよう

サイン	サイン
ぽんた	こんきち

かんとくのひとこと

なかなおりできてよかったね。
こんきちさんは、こんどは自分からあやまろ
うね。ぽんたさんはもんくを言うまえにしつ
もんしようね。

ほらあなくまべえ　より
くさむらぴょん子　より

… なかなおりカード

©shinada 2007

月（　）日（　）　　　まいめ

1 けんかがはじまる前にもどります
したこととせりふを思い出して、
じゅんばんに◯に入れてみよう

ビデオをまきもどして、スタート

ビデオにでている人

2 ☆左の◯のなかから
NGシーンをさがして
せりふをかえてみよう

新しいせりふ

☆新しいせりふを言ってみて
OKシーンになるかたしかめよう

3 なかなおりできたら、
サインをして、あくしゅをしよう

サイン　　　　サイン

かんとくのひとこと

かんとく＿＿＿＿＿より

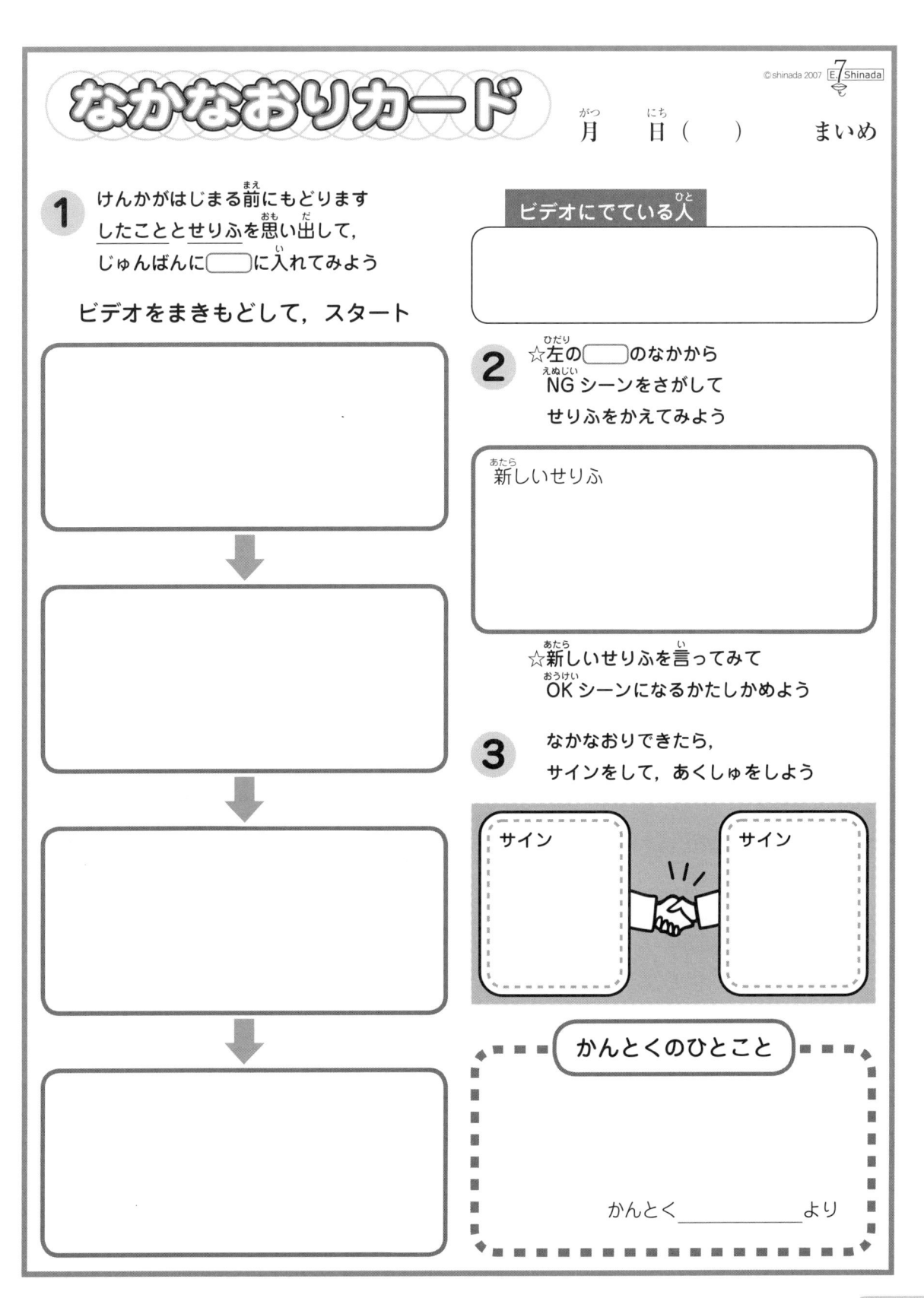

175

友達関係のスキル21

自分から友達を遊びに誘う

人に誘われるほうが楽である。しかし，いつも誘われるばかりだと存在感が薄れてしまう危険性がある。やがて，それが学級集団内で，自分の思いどおりにする子といつもがまんする子となって固定してしまうかもしれない。そこで，ここでは，苦手な子にも遊びの提案をする立場を経験させ，誘うことへの抵抗を減らすことをねらっている。

グループで遊ぼう

① 班遊びの時間を設ける

20分休みのすごしかた				
月	火	水	木	金
			はんあそび	

② 今週のリーダーは、遊びの内容を考えてカードに書く

なわとびがあればいろいろな遊びができるなぁ

もしも雨だったら…

③ リーダーの提案にしたがって班遊びをする

今日はなわとびです

うん、いいよ

④ 振り返りをする

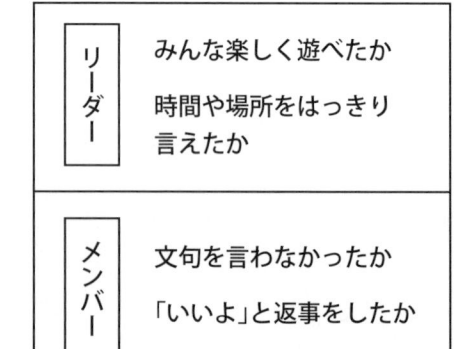

リーダー	みんな楽しく遊べたか 時間や場所をはっきり言えたか
メンバー	文句を言わなかったか 「いいよ」と返事をしたか

学習時期の目安	2年生3学期
チャレンジ期間	1学期間
スキルの種類	配慮☐　　かかわり☑

目　標	・グループの中で順番に班遊びの内容を提案する

チャレンジの手順	①チャレンジの仕方について説明を聞く　▶▶▶▶▶▶▶▶▶▶▶▶▶▶▶▶▶▶▶▶▶▶▶ 次ページ参照 ②交代で，班遊びの内容を考えて，班のみんなを誘う ・その週のリーダーになった子どもは，班遊びの内容を考えて「はんあそびかあど」（資料2）に書いておく。表に晴れの日の遊び，裏に雨の日の遊びを書く。 ・週1回の班遊びの時間に，リーダーは班のメンバーを班遊びに誘う。 ・めあてにそって，楽しく班遊びを行う。 ③振り返りカードに記入する
チャレンジ期間中の支援	・最初のうちは安易にグループの合体を認めないで，一人一人に誘った責任を果たさせ，感謝される体験をさせる。

留意点

- いきなりインフォーマルな場で遊びに誘うことや，大人数を仕切ることを要求するのはハードルが高い。手始めに生活班を利用して，4人グループの遊びのリードから始めるとよい。ここでは「グループあそび（はんあそび）の日」を決め，交代で遊びに誘う体験をさせた。
- 誘うのが苦手な子どもには，カードを使って事前に指導しておくようにする。誘うことに慣れ，誘い方の型を身につけることで抵抗がなくなるはずである。

今後の展開

- 男子と女子が一緒に遊ぶ「男女遊びの日」，クラス全員で遊ぶ「クラス遊びの日」などを決め，朝の会のときに交代で遊びの提案をさせ，徐々にグループサイズを大きくする。
- 設定された場面以外で「一緒に遊ぼう」と自分から声をかけられた子どもを取り上げるなどして，徐々にインフォーマルな場面で誘えるように援助する。

友達関係のスキル21
自分から友達を遊びに誘う

チャレンジの説明　グループで遊ぼう

―学活20分―

教師のセリフと行動	留意点
1　チャレンジの意義を説明する ・実は，みんなに遊びの誘い方の名人になってほしいと思っています。 ・理由は，いつも誘ってくれる人に頼っていると，その人がいないときに困るからです。みんなでもじもじしていたら休み時間が終わってしまいますね。だから，交代で誘う練習をします。 ・しかしその前に，今日は誘い方や誘われ方について考えてみたいと思います。 **2　どんな誘い方と答え方がうれしいかを考えさせる** ・いつも休み時間に，自分から友達に遊ぼうと言っている人は手をあげてください。 ・いつもどんなふうに言っていますか？ ・そのとき，相手がどんな言い方で答えてくれたらうれしいかな？ ・ 上手な誘い方 をまとめると，次のようになります。 　①みんなが楽しく遊べるものを考える 　②時間や場所をはっきり言う ・誘う人は，自分だけが好きな遊びではなく，班の人全員が楽しいと思う遊びを考えます。また，遊ぶときの時間や場所がはっきりしないと，どこに集まっていいか困ります。班遊びは時間が決まっているけど，練習だと思って言ってください。 ・誘った人がうれしくなる答え方は，①いろいろもんくを言わない，②すぐに「いいよ」とへんじをする，です。誘われた人も，練習なので，文句を言わず，すぐに「いいよ」と言いましょう。 ・また，みんながうれしくなる遊び方は，①けんかをしない，②楽しくあそぶ，です。けんかをせずに楽しく遊んでくれると，誘った人もうれしいです。この班遊びは，誘い方の練習ですから，誘われた人は，楽しそうに遊んであげてください。 **3　チャレンジの仕方を説明する** ・では今週から，毎週木曜日の20分休みは「班遊び」にします。 ・班の座席番号の１番さんから順に班遊びを考え，みんなを誘います。 ・慣れるまでは，誘うまえに，この「はんあそびカード」を前の日に書いておきます。裏にも同じカードが印刷してあります。雨が降ったときどうするかも考えておきましょう。 ・もし，どんな遊びがいいか悩んだときは先生に相談してください。	●実際に言わせる。 ●実際に言わせる。 ●資料１を提示する。 座席番号の例 <table><tr><td>1</td><td>2</td></tr><tr><td>3</td><td>4</td></tr></table> ●「はんあそびカード」（資料２）を拡大掲示して説明する。 ●カードは両面に印刷し，表には晴れた日の遊び，裏面には雨の日の遊びを書く。

資料2

月　日はんあそびカード（はれ・あめ）

はんあそびリーダー（　　　　）

1. こんしゅうのはんあそびリーダーは（ぼく・わたし）です
2. きょうは（　　）やすみに（　　）で（　　）をしてあそびたいと思います。いいですか？
3. いいです
4. では、しゅっぱつしましょう

＜あそびおわったあと＞

5. （　　）さん、あそびリーダーごくろうさまでした　どういたしまして！
6. たのしくあそんでくれてうれしかったです

資料1

はんあそびのコツ

さそいかたのコツ
☆みんながたのしくあそべるものを考える
☆時間や場所をはっきり言う

こたえかたのコツ
☆いろいろもんくを言わない
☆すぐに「いいよ」とへんじをする

あそびかたのコツ
☆けんかをしない
☆楽しくあそぶ

グループであそぼうカード (　)はん

名前	①	②
	③	④

よくできたとき　→　赤い色で がんばりんご
ざんねんだったとき　→　みどり色で がっかりんご

		月 日 よう日	月 日 よう日	月 日 よう日	月 日 よう日
あそびリーダーの名前					
めあて					
リーダー	○みんなが楽しくあそべるものを考える				
	○時間や場所をはっきり言う				
メンバー	○いろいろもんくを言わない				
	○すぐに「いいよ」とへんじをする				
みんな	○けんかをしない				
	○楽しくあそぶ				

コラム④

CSS指導のアイデアと留意点

便利グッズ

①ポスト

　ポストは，投票場面や投書場面で使える便利なグッズです。クラスに一つつくっておくと，何度も活用できます。本書で使用した例をあげます。

・友達は見たポスト（P148）……友達のがんばっているところを発見して投書したり，「～名人」を選んだりするときの投票箱として使えます。

・幸せポスト（P188）……自分がうれしかったことを投書したり，こんなルールがあればみんなが幸せになると思うものを投書したりします。

②ペープサート

　本書には同じ動物キャラクターが何度も登場します。P196のイラストを拡大してうちわなどにはり，いつでも使えるようにしておくと便利です。同様に，標語やルールをうちわにはると，サイレントサインとして使えます。

特別支援教育への配慮

　軽度発達障害などのため，対人関係の機微やルールの理解がむずかしい子どもたちがいます。とくに「やくそくの王様」（P120）など，ルールに関する指導では，一様に学級のルールを守るように求めてもうまく対応できないことが予想されます。適切な配慮をしないと，できないことが目立ち，子どもたちの間によくないイメージが定着してしまうおそれもあります。

　教師はルールの内容を精査し，その子の実態に合わせてスモールステップで活動を設定することが必要です。以下に工夫の例をあげておきます。

・一日通してではなく，決められた10分間のチャレンジから始める。

・結果としてはできなくても，やろうと努力していたことを評価する。

・昨日より今日の進歩を見逃さないで認める

友達関係のスキル22

リーダーシップをとってアイデア係や班のリーダーに積極的に協力

リーダーはグループの方向性を決め，目的に向けてメンバーが力を発揮できるように調整する。メンバーは自分の役目を積極的に果たそうとする。この両方がそろうことがグループ活動成立の条件である。学級ではどちらの立場になってもその役目を果たせるよう，具体的な行動の仕方を型として身につける必要がある。

リーダーごっこ

交代でリーダーになって、班遊びの内容を決める話し合いをする

<リーダーの役割>

① みんなのことを考える
② 自分勝手はがまん
③ 命令ではなく質問
④ みんなの意見をきく
⑤ 自分もアイデアを出す
⑥ 決め方について話し合う
⑦ 意見をまとめる

<メンバーの役割>

① 反対するときには、理由とかわりのアイデアを出す
② 自分の意見を出す
③ 決まったことに文句を言わない
④ 自分の役目はきちんと果たす

今週のリーダー

会議を始めます私の意見は…

賛成です理由は…

を出す
する

学習時期の目安	２年生３学期
チャレンジ期間	１週間
スキルの種類	配慮☐　かかわり☑

目標	・リーダーは，話し合いの司会をして，班遊びの内容を決める ・メンバーは，リーダーに協力して話し合い，決定した内容に従う
チャレンジの手順	①チャレンジの仕方について説明を聞く ▶▶▶▶▶▶▶▶▶▶▶▶▶▶▶▶▶▶▶▶▶ 次ページ参照 ②毎週，班で，かわりばんこにリーダーとメンバーを体験する ・週１回の班遊びの時間に何をするかを話し合って決める。 ・リーダーは手順に従って司会をする。 ・メンバーはリーダーに協力して話し合い，決まったことに従う。 ・話し合いのあと，振り返りを「リーダーごっこカード」に記入する（自己評価）。 ・遊んだあと，リーダーはメンバーの，メンバーはリーダーのよかったところを言う（相互評価）。
チャレンジ期間中の支援	・相互評価では，リーダーとしてどんなメンバーの行動がうれしかったか，メンバーとしてどんなリーダーの行動が活動しやすかったか，お互いにフィードバックし合う場面を設定する。それによって，どんな行動がよいのか理解させるとともに，やりがいを感じさせ，グループ活動への動機づけをする。

留意点

- 「グループで遊ぼう」（P176）を事前に指導していることが望ましい。
- リーダーとしての行動の仕方とメンバーの協力の仕方はセットで指導する。
- リーダーを交代で体験することによって，メンバーが協力することの意味について実感させ，フォロアーシップのあり方も身につけさせたい。
- リーダーシップを育てる方法は，学級や子どもの実態に合わせて選ぶ。手本となる子どもがいる場合は，その子のやり方をモデルに，小グループでのリーダーシップを練習させる方法がある。また，全員がある程度活動できる場合は，小グループで活動した経験を生かして，人数が多くなっても自主的に活動できるように，徐々にグループサイズを大きくしていく方法がある。

今後の展開

- 「班遊び」だけでなく，休憩時間や放課後のインフォーマルなグループでもリーダーシップおよびフォロアーシップを生かせるように，援助していく。

友達関係のスキル22
リーダーシップをとってアイデアを出す／係や班のリーダーに積極的に協力する

チャレンジの説明　リーダーごっこ

—学活20分—

教師のセリフと行動	留意点
1　チャレンジの意義を説明する ・今日はリーダーとメンバーのコツについて考えてみます。 ①リーダーのコツを説明する ・リーダーは，グループをまとめる人です。まとめるためには，みんなのことを考えなければなりません。 ・リーダーが自分勝手に命令ばかりしたらどうでしょうか。メンバーは嫌々やっても，がんばろうという気になりませんね。 ・リーダーが意見を出すときは，ていねいな言い方をします。そして，その意見でよいかどうか，必ずメンバーに聞きます。 ・メンバーから違う意見が出たときは，リーダーの意見と合わせてどれがいいか話し合って決めます。そのときには，どんな決め方がいいかについても話し合いましょう。 ・ リーダーのコツ をまとめたのがこれです。 ②メンバーのコツを説明する ・ところで，メンバーが何でもかんでもリーダーに任せっきりだとどうなりますか。リーダーはつらいですよね。 ・また，リーダーの意見に文句ばっかり言っていたらどうでしょう。仕事は進まないし，リーダーもやる気がなくなってしまいますね。だから，意見が違うときにはただ反対するのではなく，反対する理由と新しい意見を言います。 ・話し合いのときには，黙っていないで，一人一人が真剣に考えて意見を出すのがマナーです。たくさんの意見の中から選んだほうが，いい結果がまとまりますね。 ・そして，一度決まったことには文句は言いません。また，自分の役目は，ちゃんとやります。 ・ メンバーのコツ をまとめたのがこれです。 **2　チャレンジの仕方を説明する** ・いままでの班遊びでは，遊びのリーダーがアイデアを出して誘う練習をしてきました。これからは，班で話し合いをしてみんなで遊びを決めます。リーダーのコツとメンバーのコツをマスターして，優秀なリーダーとメンバーになる修業です。 ・かわりばんこにリーダーをするのは同じです。リーダーは話し合いの司会を練習します。司会の仕方は…… ・話し合いが終わったら，リーダーとメンバーのめあてが守れたかどうか，カードのりんごに色をぬりましょう。	●資料1を提示。 ●資料2を提示。 ●「いままでの班遊び……」については，「グループで遊ぼう」（P176）参照。 ●資料3を提示。 ●「リーダーごっこカード」を提示。

184

資料1

リーダーのコツ

1. みんなのことを考える
2. 自分かってはがまんする
3. ていねいではなくじゅんにする
4. みんなの意見を聞く
5. 自分もあいであを出す
6. 決めかたについて話し合う
7. 意見をまとめる

資料2

メンバーのコツ

1. 反対するときには
   理由とかわりのあいであを出す
2. 自分の意見を出す
3. 決まったことにもんくを言わない
4. 自分の役目はきちんとやる

資料3：司会の仕方

司会(しかい)の仕方(しかた)

1. はじめのことば
これから「はんあそび」を決(き)めるかいぎをはじめます。

2. リーダーの意見(いけん)を言う
わたしの意見は〜です。
理由(りゆう)は〜です。

3. メンバーの意見(いけん)を聞(き)く
ほかの意見はありませんか？
わたしは〜さんの意見(いけん)にさんせいです。理由(りゆう)は〜です。
わたしは〜さんの意見(いけん)にはんたいです。理由(りゆう)は〜です。
かわりの意見(いけん)は〜です。

4. 決(き)め方(かた)を決(き)める
どんな決(き)め方(かた)がいいですか？
・多数決(たすうけつ)
・順番(じゅんばん)

5. 意見(いけん)をまとめる
今日(きょう)のはんあそびは〜です。
集(あつ)まる場所(ばしょ)は〜です。
ごきょうりょくありがとうございました。

6. おわりのことば
これではんかいぎをおわります。

リーダーごっこカード （　）はん

名前	①	②
	③	④

よくできたとき　→　赤い色 で がんばりんご
ざんねんだったとき → みどり色 で がっかりんご

		月　日 よう日	月　日 よう日	月　日 よう日	月　日 よう日
リーダーの名前					
めあて					
リーダー	1．みんなのことを考える	○	○	○	○
	2．自分かってはがまん	○	○	○	○
	3．めいれいではなくしつもん	○	○	○	○
	4．みんなの意見を聞く	○	○	○	○
	5．自分もアイデアを出す	○	○	○	○
	6．決めかたについて話し合う	○	○	○	○
	7．意見をまとめる	○	○	○	○
メンバー	○反対するときは理由とかわりの意見を言う	○	○	○	○
	○自分の意見を出す	○	○	○	○
	○決まったことにはもんくを言わない	○	○	○	○
	○自分の役目はちゃんとやる	○	○	○	○

友達関係のスキル23

自分がしてもらいたいことを友達にしてあげる

自分がしてほしいことを友達にしてあげるには，その前提として，自分は何をしてもらったときに助かったりうれしかったりしたかについて気づく必要がある。それがヒントになって，自分と同じような体験を友達にも提供し，相手の気持ちを考えながらさりげなく行動できるようになっていく。その結果として，集団の中に質の高い良好な人間関係が成立するのである。

ありがとうをかえそう

① 親切にしてもらったことを「ありがとうカード」に書く

心配されてうれしかった
大丈夫？

② しあわせポストに投函する

ドキドキ
しあわせポスト

③ ありがとうカードを配達する
お礼を「どういたしましてカード」に書く

あのときのことだ…
私もカードをもらっちゃった

④ 振り返り

幸せポストをさらにカードでいっぱいにするには自分がうれしかったことを人にもしてあげるようにするとよいですね

学習時期の目安	2年生3学期
チャレンジ期間	1週間
スキルの種類	配慮☑　かかわり□

目　標	・自分がしてもらって助かったことうれしかったことに気づく
チャレンジの手順	①お世話になった友達に「ありがとうかあど」を書く ▶▶▶▶▶▶▶▶▶▶▶▶ 次ページ参照 ・自分の作品やポートフォリオ，ワークシートの束を見て，1年を振り返る。 ・してもらってうれしかったことや助けられたことを，「ありがとうかあど」に1人5枚書き，「しあわせぽすと」に入れる。 ②数日後，「どういたしましてかあど」を書き，相手に渡す ・「しあわせぽすと」に集まったカードを，教師が一人一人に配る。 ・もらった「ありがとうかあど」を読んで，感じたことやこれからのやる気が出るような言葉を「どういたしましてかあど」に書く。 ・「どういたしましてかあど」を切り離して，相手に渡す。 ・自分がもらった「ありがとうかあど」「どういたしましてかあど」を切り抜いて台紙にはる。 ・「どういたしましてかあど」をもらってどんな気持ちがしたかを伝え合う。
チャレンジ期間中の支援	・全員にカードが渡るようにするには，自分以外のグループの全員に書く，もらったカードに必ず返事を書く，などのルールを設けるとよい。 ・学級の実態によって，ありがとうかあどの内容について事前に教師のチェックが必要な場合は，いったん「しあわせぽすと」に投函させたものをチェックしてから配るとよい。

留意点

・「ありがとうかあど」のねらいは3つある。1つめは，相手に対する感謝の気持ちを引き出し，それを言葉にして，親切とは何かを具体的に理解させることである。2つめは，親切のリストアップであり，これは自分がだれかに親切をするときのヒントになる。3つめは，相手への感謝の気持ちを行動で返せば，相手からさらに感謝が返ってくることに気づかせることである（ここでは「どういたしましてかあど」のやり取りに相当する）。
・しあわせぽすとで回収した「ありがとうかあど」は，教師が一人分ずつをクリップでまとめてから，それぞれ子どもに返すとよい。

今後の展開

・定期的に「ありがとうかあど」を渡し合う場を設定し，ほかのスキルのチャレンジを相互評価する場として活用する。

友達関係のスキル23
自分がしてもらいたいことを友達にしてあげる

チャレンジの説明　ありがとうをかえそう

―学活20分―

教師のセリフと行動	留意点
1　1年間にあったことを振り返る ・2年生もそろそろ終わりに近づいてきました。もうすぐ3年生ですね。1年間いろいろありました。どんなことがあったか，ファイルを見て振り返ってみましょう。 **2　「ありがとうかあど」を贈る意味を説明する** ・みんなが1年間無事にすごせたのは，おうちの人やクラスの友達がいろいろ助けたり，励ましたりしてくれたからです。どんなことがうれしかったか，どんな親切で助かったか，そのときお礼を言ったことでもいいし，言っていないことでもいいです。思い出して，「ありがとうかあど」を書きます。 ・そのカードを読むと，友達がどんなことがうれしかったのか，わかりますね。これは ハッピーのヒント です。同じことを3年生でいろいろな人にしてあげたら，みんながハッピーになるよね。 **3　チャレンジの仕方を説明する** ・まず，自分がしてもらってうれしかったことや助かったことを思い出します。 ・次に，その人の名前としてくれたことをカードに書きます。それからそのときに感じた気持ちを思い出して，お礼の言葉をカードに書きましょう。 ・1人5枚カードを渡します。自分の班の人には必ず書きます。書き終わったら，この「しあわせぽすと」に入れてください。もっと書きたい人は，後でカードを取りに来てください。 ・「しあわせぽすと」に集まった「ありがとうかあど」は，あとで先生から一人一人に返します。どんなことが書いてあるか，楽しみですね。 **4　「ありがとうかあど」を書く** ・カードをもらったらまず自分の名前を書いてください。 ・もし，どんなことを書いていいかわからなかったら，先生のところにこっそり相談に来てください。そのときは必ずファイルを持ってきてね。 ・では，音楽を流します。止めるまでは静かに書きましょう。書き終わったらポストに入れに来てね。	●いろいろな活動の成果をまとめたポートフォリオやソーシャルスキルトレーニングで使ったカードのファイルなどを見ながら振り返る。 ●実際に記入したカードを提示する。あるいは，いつも使っているカードを活用する場合は，今回の書き方の例を板書する。 ●色画用紙などをはって作ったポストを用意しておく。 ●BGMをかけると盛り上がる。

ありがとうかあど

してくれた人　[　年　　組　　　　　　　　　　　]さんへ

してもらったこと　[　　　　　　　　　　　　　　　]

おれいのことば

＿＿＿＿＿＿＿＿さんは＿＿＿＿＿＿＿＿＿＿＿＿＿＿のとき

＿＿＿＿＿＿＿＿＿＿＿＿＿＿＿＿＿＿＿＿をしてくれました。

おかげで＿＿＿＿＿＿＿＿＿＿＿＿＿＿＿＿＿＿＿＿＿＿＿

3年生では＿＿＿＿＿＿＿＿＿＿＿＿＿＿＿＿＿＿＿＿＿＿

＿＿年　＿＿組　＿＿＿＿＿＿＿＿＿より

では，**しあわせぽすと**に入れましょう

どういたしましてかあど

＿＿年　＿＿組　＿＿＿＿＿＿＿＿さんへ

＿＿＿＿＿＿＿＿＿＿＿＿＿＿＿＿＿＿＿＿＿＿＿＿＿＿

＿＿＿＿＿＿＿＿＿＿＿＿＿＿＿＿＿＿＿＿＿＿＿＿＿＿

＿＿＿＿＿＿＿＿＿＿＿＿＿＿＿＿＿＿＿＿＿＿＿＿＿＿

＿＿年　＿＿組　＿＿＿＿＿＿＿＿＿より

■共通資料■

ちゃれんじ！

年　組　名前＿＿＿＿＿＿＿

©shinada 2007
E. Shinada

☆きょうのしゅぎょうをふりかえって色をぬろう

ちゃれんじした日	がんばったぞう	まあまあじゃがあ	ごめんなさい
月　日（　）			
月　日（　）			
月　日（　）			
月　日（　）			

☆かんそうやこれからがんばってみたいことを書こう

■共通資料■

ちゃれんじ！

年　組　名前＿＿＿＿＿＿＿＿＿＿

©shinada 2007

こつ

☆きょうのしゅぎょうをふりかえって色をぬろう

ちゃれんじした日	がんばったぞう	まあまあじゃがあ	ごめんなさい
月　日（　）			
月　日（　）			
月　日（　）			
月　日（　）			

☆かんそうやこれからがんばってみたいことを書こう

■共通資料■

ぱちぱち かあど

年　組
名前＿＿＿＿＿＿＿＿

① ほめてあげたい人を見つけます

その人の名前	ほめてあげたいこと

② しょうじょうを書きます
③ ひょうしょうします
④ ひょうしょうしてみて思ったことを書きます

ひょうしょう　　年　組　　さま

あなたは

をがんばっていました。

わたしは、それを見て

　　　　　と

思ったので、ここにひょうしょうをおくります

年　月　日

年　組

より

■共通資料■

ありがとうかあど

　　年　組　　　　　　　さんへ

言ってもらったこと
してもらったこと

そのときの気もち

おれいのことば

＿＿年　＿＿組　＿＿＿＿＿＿＿＿＿より

©shinada 2007

ありがとうかあど

　　年　組　　　　　　　さんへ

言ってもらったこと
してもらったこと

そのときの気もち

おれいのことば

＿＿年　＿＿組　＿＿＿＿＿＿＿＿＿より

©shinada 2007

195

■共通資料■
動物村の登場人物
・イラストを拡大してペープサートにする。うちわにはって使うとよい。

ぴょん子

ぽんた

■共通資料■

くまべえA：おこった顔

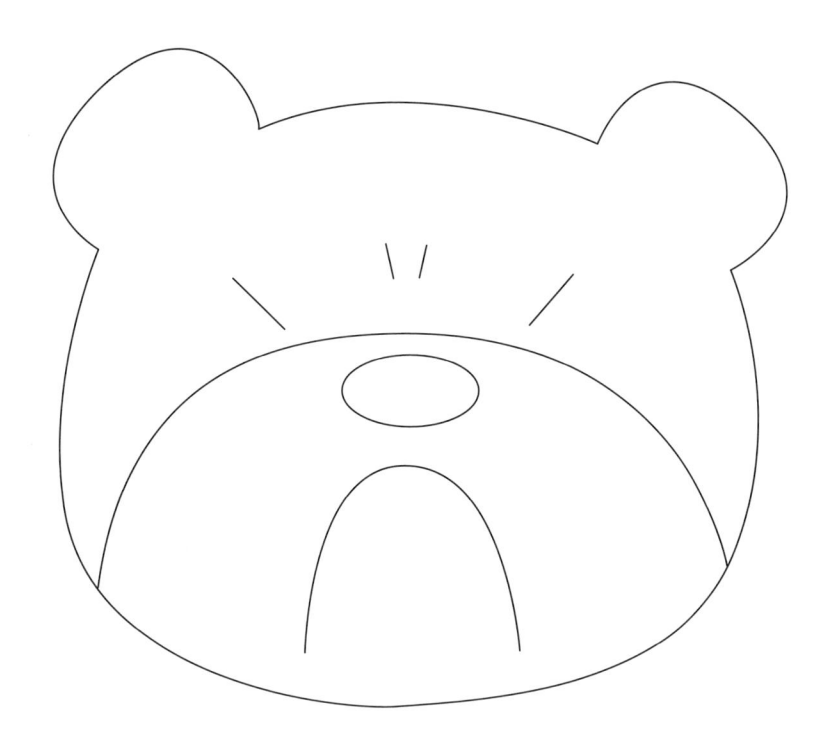

くまべえB：にこにこ顔

Q&A 学校生活のスキル指導のコツ
～ちょっとしたアイデアで大きな効果～

Q．あいさつの指導などが単調になり，子どもがすぐに飽きてしまいます。

A．①リズムよく，②ユーモアで味つけして，③繰り返し，④ゲーム的な要素を入れて，指導を行うことが基本の定着のコツです。

たとえばP44のあいさつの指導では，基本7つの型に1～7までの番号を付け，まずは一つずつ確実に指導します。次に，教師のカウントに合わせて，一連の流れをリズムよく繰り返します。さらに慣れてきたら，スピードをどんどん速くします。こんなふうに楽しく行う工夫が必要です。

また，いつもの指導の型に，ときどきアクセントを加えます。例えば，教師とジャンケンして勝ったら次の動作に進める，あるいは，命令ゲーム（P152参照）にあいさつを入れるのも手ですね。

Q．机やロッカーを整理させても，すぐに乱れてしまいます。

A．整理整頓のスキルなどは，個人差が出やすいものです。やり方を教えた後は，習慣化させるように工夫します。

習慣化を効率よく指導するコツは，個人で使う物は，週に1回程度，"整頓の日"を設け，自己チェックさせます。みんなで使う物は，係や日直にチェックや整頓をさせて，朝の会や帰りの会で結果報告やお願いをさせる方法もあります。

とくに気にかけたいのが，個人持ちの雑巾です。教室のあちこちに落ちていることがよくあります。どこにどうかけておくかをきちんと指導して，守られているかを定期的にチェックさせます。

Q．何度言ってもトイレを流し忘れる子どもがいて，そのたびに大騒ぎになります。

A．低学年はとくに流し忘れが多いですね。排泄時にかかりっきりで指導するのはむずかしいし，女性教師は男子トイレに，男性教師は女子トイレに入れず困ることがよくあります。

やるべき行動を忘れないように意識づけたいときは，合い言葉を決めておくのも手です。「終わったらレバー」「終わったらボタン」など，親しみやすい合い言葉を決めて，行動する時はいつも口にするようにさせると，行動も定着してきます。

Q．学習用具の使い方などは，なぜ低学年での指導が肝心なのですか。

A．低学年の頃に身につけた方法や習慣は，その子どもの生涯のスタンダードとなりやすいようです。しっかりと指導したいものです。

低学年で基本的な学習のスキルをしっかりと身につけた子どもは，効率的に学習を進められるうえ，学年が進む中でさらに高度なスキルを積み重ねていくことができます。いっぽうで，これらのスキルを身につけないまま中学生になって，そのことで苦労している子どもと先生方も私は多く知っています。

机の中の整理整頓は，初めにみんなで練習をした後，チェックの日を設けて，定期的に確認するとよいでしょう。机の上の使い方は，

授業開始時にときどき確認します。

Q．動作がなかなか定着しません。
A．型を教えたときに，実際に数回やらせてみるのが定着のコツです。

たとえばP46の座り方の指導の場合，教師が「グーチョキパー」と言ったら，子どもは「手はおひざ」と声に出しながら手を置きます。これをリズムよく繰り返し練習します。その後は，ときどき自分で確認する約束を決めておくと，1年生では学習への心構えにもなります。

また，複数の動作からなる動きでは，あらかじめ教師が動作を細かく分割して，連番の合い言葉のようにしておきます。最初は番号の合い言葉と動作をセットにして練習し，動きがわかってきたら，番号のみ告げて動作をさせるようにします。

Q．ノートの使い方が定着しません。
A．可能ならば，指導用の黒板やノートの拡大版を用意して，ノートに書くのと同じように教師が黒板に書き，視覚的に指導するとよいでしょう。

また最初のうちは，「題のあとは一行あけて」「書き始めはひとますあけて」など，教師が合い言葉として口に出しながら，動作とともに定着させるとよいでしょう。

Q．教室を出てからの行動は，いつどうやって指導すればよいのですか？
A．教室の出方や廊下の歩き方などを休憩時間に指導することはむずかしいので，体育などの移動時間を活用します。

体育館や校庭に移動するときに，全員を並ばせて行くのではなく，一人ずつ出発させ，ポイントを決めてチェックするとよいでしょう。最初は教師がチェックして，慣れてきたら当番を決めて子どもたちにチェックさせるのもよいです。

Q．着替えを指導する時間までとれません。
A．低学年の場合，着替えに必要な作業の流れがイメージができていない子どもも考えられます。床に座らないとできない子，脱いだものがあちこちに散らばったままの子，畳むのに時間がかかる子なども多く見られます。全体で指導するほどではなくても，教師が個別に指導していては手が足りないでしょう。

解決方法としては，着替えの時間に，手順や方法を絵や図にして黒板にはっておきます。学校や学級の実態によっては，脱いだものを机に置きっぱなしにせず，バッグの中に入れさせるという手段も考えられます。

Q．私の学校では，給食やゴミ処理のシステムが違います。
A．各学校によって，給食の方式や片づけ方にはさまざまなやり方，決まりがあります。ですから，基本的に学校の方針に合わせればいいと思います。

給食の牛乳なども，容器の形状やゴミ処理の都合に合わせて集め方を工夫する必要があります。だいたい次の3通りが考えられると思います。①ふたやストローなどを集める係をつくる。②集める袋や容器を班ごとにまわす。③一人ずつ片づけるときに容器に入れる。実態に合わせて，いろいろ考えてみてはいかがでしょうか。

同様に，ゴミの捨て方や掃除用具の種類にも学校で違いがあります。新人の先生や新しく赴任した先生は，指導の前に，その学校のやり方を確認しておくことが必要です。

（品田笑子）

CSS スキル一覧　小学校

★かかわりのスキル　☆配慮のスキル

	低学年	中学年	高学年
4・5月	☆「おはよう」「さようなら」という基本的なあいさつをする（1年では★） ☆何か失敗したときに「ごめんなさい」と言う（1年では★） ☆何かしてもらったときに「ありがとう」と言う（1年では★） ☆みんなで決めたルールを守る（2年） ☆必要な場面で必要な言葉をすぐに言う ★相手に聞こえるような声で話す（2年）	☆「おはよう」「さようなら」という基本的なあいさつをする ☆何か失敗したときに「ごめんなさい」と言う ☆何かしてもらったときに「ありがとう」と言う ☆みんなで決めたルールを守る ☆係の仕事は最後までやりとげる ★相手に聞こえるような声で話す	☆「おはよう」「さようなら」という基本的なあいさつをする ☆何か失敗したときに「ごめんなさい」と言う ☆何かしてもらったときに「ありがとう」と言う ☆みんなで決めたルールを守る ★相手に聞こえるような声で話す ☆友達が話しているときはその話を最後まで聞く ☆友達のまじめな話は冷やかさないで聞く ☆係の仕事は最後までやりとげる ★みんなと同じくらいに話す
6・7月	☆係の仕事は最後までやりとげる（2年） ☆友達との約束は守る（2年） ★みんなと同じくらいに話す（2年） ★相手に聞こえるような声で話す（1年）	☆友達が話しているときはその話を最後まで聞く ☆友達のまじめな話は冷やかさないで聞く ☆友達との約束は守る ★みんなと同じくらいに話す ★うれしいときは笑顔やガッツポーズなどの身振りで気持ちを表す ★面白いときは声を出してみんなの前で笑う	☆友達との約束は守る ☆友達が一生懸命やって失敗したときは許す ☆腹が立っても「カーッ」とした態度はとらない ★うれしいときは笑顔やガッツポーズなどの身振りで気持ちを表す ★面白いときは声を出してみんなの前で笑う
9・10月	☆みんなで決めたルールを守る（1年） ☆係の仕事は最後までやりとげる（1年） ☆友達が話しているときはその話を最後まで聞く ☆友達との約束は守る（2年） ★みんなと同じくらいに話す（1年）	☆相手がいやな気持ちにならないように話をする ☆友達が一生懸命やって失敗したときは許す ☆腹が立っても「カーッ」とした態度はとらない ☆友達の秘密は黙っている ☆友達が何かをうまくしたときには「上手だね」とほめる ☆友達が元気がないときには励ます	☆友達の秘密は黙っている ☆友達が何かをうまくしたときには「上手だね」とほめる ☆友達が元気がないときには励ます ☆相手がいやな気持ちにならないように話をする

時期	スキル	低学年抽出スキル	中学年指導案例
11・12月	☆相手が一生懸命やって失敗したときは許す（2年） ☆腹が立っても「カーッ」とした態度をとらない（2年） ☆相手に迷惑がかからないように頼む（2年） ☆相手を傷つけない方法でできないことを断る（2年） ★みんなのためになることは自分で見つけて実行する（2年） ☆友達が何かをうまくしたときには「上手だね」とほめる ★うれしいときは笑顔やガッツポーズなどの身振りで気持ちを表す	★親しくない人とでも区別しないで班活動をする（2年） ★自分から友達を遊びに誘う	★親しくない人とでも区別しないで班活動をする ★みんなのためになることは自分で見つけて実行する ★友達が楽しんでいるときにもっと楽しくなるように盛り上げる ★自分から友達を遊びに誘う
		☆相手に迷惑がかからないように頼む ☆相手を傷つけない方法でできないことを断る ☆友達とけんかしたときに自分にも悪いところがないか考える ★みんなのためになることは自分で見つけて実行する ☆友達が楽しんでいるときに、もっと楽しくなるように盛り上げる ★係の仕事をするときに何をどうやったらいいか意見を言う	☆相手に迷惑がかからないように頼む ☆相手を傷つけない方法でできないことを断る ☆友達とけんかしたときに自分にも悪いところがないか考える ★自分だけ意見が違っても自分の意見を言う ★ほかの人に左右されないで自分の考えで行動する ★係の仕事をするときに何をどうやったらいいか意見を言う
1・2・3月	☆相手に迷惑がかからないように頼む（1年） ☆相手を傷つけない方法でできないことを断る（1年） ☆自分がしてもらいたいことを友達にしてあげる（2年） ★リーダーシップをとってアイデアを出す（2年） ★班や係のリーダーに積極的に協力する（2年） ☆友達とけんかしたときに自分にも悪いところがないか考える ★自分から友達を遊びに誘う	☆友達が悩みを話してきたらじっくり聞く ☆自分がしてもらいたいことを友達にしてあげる ★リーダーシップをとってアイデアを出す ★班や係のリーダーに積極的に協力する ☆自分だけ意見が違っても自分の意見を言う（4年） ★ほかの人に左右されないで自分の考えで行動する（4年）	☆友達が悩みを話してきたらじっくり聞く ☆自分がしてもらいたいことを友達にしてあげる ★リーダーシップをとってアイデアを出す ★班や係のリーダーに積極的に協力する ★意見が対立したら、折り合い点を探す

注：網掛けのスキルは、低学年のスキルとして抽出されたものではないが、中学年での展開を考慮して本書に指導案を掲載した

あとがき

　子どもたちのソーシャルスキルが未発達であることに，異を唱える人は少ないでしょう。私自身，ついこのあいだまで小学校の学級担任でした。基本的なことを普通にやることがこんなにむずかしいものなのか，と愕然とした経験もあります。あれもこれも目につき，忙しさの中で，何にどこから手をつけようと悩む日々でした。

　さて，本書は，河村茂雄氏が，岩手大学勤務時代に，藤村一夫氏を中心とした研究室のメンバーの協力を得て開発した学級ソーシャルスキル尺度が，もとになっています。学級で，これらのスキルを使えるようになることが，個を確立し，充実した社会生活を送るための一歩と考え，それを定着させる方法について，実践経験をもつメンバーで知恵をしぼりました。中には，「こんな基本的なことも…」と思うものがあるかもしれません。しかし，その小さな積み重ねこそ，いま現場では必要であるというのが実感です。

　本書の執筆に当たっては，それぞれの発達段階ごとに教え子たちの顔を思い浮かべながら，いかにそのスキルの必要性を伝えるか，また，一見，面倒で堅苦しいルールやマナーを，いかに楽しく身につけさせるか，に腐心したつもりです。実際に教育現場で実践されるみなさまには，本書を参考に，自分の教室の子どもたちに合わせて，さらにアレンジを加えていただければ幸いです。

　なお，本書の完成までには，さまざまな方にご指導やご支援をいただきました。現場の実態に合わせるためにていねいに原稿を読んでアドバイスしてくださった編集協力の浅川早苗さん，ワクワクしながら完成を見守ってくれた河村研究室の院生のみなさん，遅々として進まぬ原稿執筆や編集作業に連日深夜までつき合ってくださった図書文化社の東則孝さん，渡辺佐恵さん，佐藤達朗さんに編著者を代表して深く感謝申し上げます。

　最後に，ときにはやさしく，ときには厳しく，教え導いてくださる恩師，國分康孝先生，久子先生に敬意と感謝の意を表し，筆を置かせていただきます。

　　2007年　春　　それぞれの新しいスタートに思いをはせながら

　　　　　　　　　　　　　　　　　　　　　　　　　　　　　品田　笑子

担当箇所一覧

■編著

河村茂雄　都留文科大学大学院教授
　　　　　　序章・第1章執筆

品田笑子　都留文科大学講師
　　　　　　第4章執筆

藤村一夫　公立学校教諭
　　　　　　第2章・第3章編集

■編集協力

浅川早苗　都留市立禾生第一小学校教諭

■分担執筆（掲載順）

小川暁美　盛岡市立上田小学校教諭
　　　　　　P44～49，51～53，64～65，74～77担当

及川哲子　盛岡市立松園小学校教諭
　　　　　　P50，58，66～67担当

嘉門　洋　久慈市立夏井小学校教諭
　　　　　　P54～55，62～63，72～73，78担当

矢澤　慎　盛岡市立仁王小学校教諭
　　　　　　P56～57，60～61，68～71担当

編著者紹介

河村茂雄（かわむら・しげお）

都留文科大学大学院教授。博士（心理学）。筑波大学大学院教育研究科カウンセリング専攻修了。公立学校教諭・教育相談員を経験し，東京農工大学講師，岩手大学助教授を経て，現職。日本カウンセリング学会常任理事，日本教育カウンセリング学会常任理事。論理療法，構成的グループエンカウンター，ソーシャルスキルトレーニング，教師のリーダーシップと学級経営について研究を続ける。とくに，児童生徒の心理社会的発達支援の重要な領域を担う学級経営の中に，教師の高い専門性が求められ，その専門性の認識と絶え間ない研鑽に裏打ちされた力量の高さが，教育の専門家として，教師が自他共に認められる道だと信ずる。「教育実践に生かせる研究，研究成果に基づく知見の発信」がモットー。著書：『若い教師の悩みに答える本』（学陽書房），『教師のためのソーシャル・スキル』『教師力』『変化に直面した教師たち』（誠信書房），『学級崩壊予防・回復マニュアル』『ここがポイント学級担任の特別支援教育』（図書文化）ほか多数。

品田笑子（しなだ・えみこ）

都留文科大学講師。上級教育カウンセラー。筑波大学大学院教育研究科修了。公立小学校教諭を経て現職。國分康孝・久子に手ほどきを受けた「育てるカウンセリング」を教育にどのくらい生かせるか，可能性を探ることが現在の目標。構成的グループエンカウンターや学級経営をテーマとする研修会の講師として全国を駆け回っている。月刊『学校教育相談』（ほんの森出版）に，いいとこさがしワークシートを連載（2007年3月で終了）。著書：『エンカウンターで学級が変わる・小学校編3』『構成的グループエンカウンター事典』『ワークシートによる教室復帰エクササイズ』『サインを発している学級』（共編著），『ここがポイント学級担任の特別支援教育』（分担執筆）（図書文化）ほか。

藤村一夫（ふじむら・かずお）

岩手県出身。盛岡市在住。公立学校教諭。NPO日本教育カウンセラー協会認定学級経営スーパーバイザー，上級教育カウンセラー。学校心理士。岩手大学大学院教育研究科修了。河村茂雄に師事し，学級崩壊・不登校などを予防する学級経営を研究している。CSSの抽出に携わり，実践・研究を重ねてきた。
「2003年日本カウンセリング学会学校カウンセリング松原記念賞」受賞。著書：『学級クライシス』『Q-Uによる学級経営スーパーバイズ・ガイド』（共編），『グループ体験によるタイプ別学級育成プログラム』『ワークシートによる教室復帰エクササイズ』（共編著）（図書文化）ほか。

※所属等は初版完成時のもの

いま子どもたちに育てたい
学級ソーシャルスキル 小学校低学年

2007年6月1日	初版第1刷発行 ［検印省略］
2023年8月1日	初版第16刷発行

編　著　Ⓒ河村茂雄・品田笑子・藤村一夫
発行者　則岡秀卓
発行所　株式会社 図書文化社
　　　　〒112-0012　東京都文京区大塚1-4-15
　　　　Tel 03-3943-2511　Fax 03-3943-2519
　　　　振替 00160-7-67697
　　　　http://www.toshobunka.co.jp/
装　幀　本永惠子デザイン室
イラスト　フェニックス　松永えりか
ＤＴＰ　松澤印刷株式会社
印刷・製本　株式会社 厚徳社

乱丁・落丁本はお取り替えいたします。
定価はカバーに表示してあります。

ISBN 978-4-8100-7492-5 C3337

ソーシャルスキル教育の関連図書

ソーシャルスキル教育で子どもが変わる［小学校］

國分康孝監修　小林正幸・相川充 編　　　　B 5 判 200頁　**本体2,700円**

友達づきあいのコツとルールを楽しく体験して身につける。①小学校で身につけるべきソーシャルスキルを具体化、②学習の手順を段階化、③一斉指導で行う具体的な実践例、をまとめる。

実践！ ソーシャルスキル教育［小学校］［中学校］

佐藤正二・相川充 編　　　　　　　　　　　B 5 判 208頁　**本体各2,400円**

実践の事前，事後にソーシャルスキルにかかわる尺度を使用し，効果を検証。発達段階に応じた授業を，単元計画，指導案，ワークシートで詳しく解説。

育てるカウンセリング実践シリーズ②③
グループ体験によるタイプ別！学級育成プログラム［小学校編］［中学校編］

－ソーシャルスキルとエンカウンターの統合－

河村茂雄 編著　　　　　　　　　　　　　　B 5 判 168頁　**本体各2,300円**

●主要目次：心を育てる学級経営とは／基本エクササイズ／学級育成プログラムの6事例

いま子どもたちに育てたい
学級ソーシャルスキル〔小学校低〕〔小学校中〕〔小学校高〕〔中学校〕

河村茂雄・品田笑子 ほか 編著　　　　　　　B 5 判 208頁　**本体各2,400～2,600円**

「みんなで決めたルールは守る」「親しくない人とでも区別なく班活動をする」など，社会参加の基礎となる人間関係の知識と技術を，ワークシート方式で楽しく身につける。
●主要目次：学級ソーシャルスキルとは／学校生活のスキル／集団活動のスキル／友達関係のスキル

社会性を育てるスキル教育35時間　小学校全6冊／中学校全3冊

－総合・特活・道徳で行う年間カリキュラムと指導案－

國分康孝監修　清水井一 編集　　　　　　　B 5 判 約160頁　**本体各2,200円**

小学校1年生で身につけさせたい立ち居振る舞いから，友達との関係を深め，自分らしさを発揮しながら未来の夢を探る中学3年生まで。発達段階に応じてこころを育てる。

学級づくりがうまくいく
全校一斉方式ソーシャルスキル教育［小学校］

－イラストいっぱいですぐできる指導案と教材集－

伊佐貢一 編　　　　　　　　　　　　　　　B 5 判 168頁　**本体2,500円**

全校一斉方式だから，学校規模で取り組みやすい。①いつもの全校集会をアレンジするだけ。②毎月の生活目標と連動させれば効果UP。③1回だけのお試し実施や，学年集会での実施も。

図書文化

※定価には別途消費税がかかります

構成的グループエンカウンターの本

必読の基本図書

構成的グループエンカウンター事典
國分康孝・國分久子総編集　Ａ５判　**本体 6,000円**＋税

教師のためのエンカウンター入門
片野智治著　Ａ５判　**本体 1,000円**＋税

自分と向き合う！究極のエンカウンター
國分康孝・國分久子編著　Ｂ６判　**本体 1,800円**＋税

エンカウンターとは何か　教師が学校で生かすために
國分康孝ほか共著　Ｂ６判　**本体 1,600円**＋税

エンカウンター スキルアップ　ホンネで語る「リーダーブック」
國分康孝ほか編　Ｂ６判　**本体 1,800円**＋税

構成的グループ
エンカウンター事典

目的に応じたエンカウンターの活用

エンカウンターで保護者会が変わる　小学校編・中学校編
國分康孝・國分久子監修　Ｂ５判　**本体 各2,200円**＋税

エンカウンターで不登校対応が変わる
國分康孝・國分久子監修　Ｂ５判　**本体 2,400円**＋税

エンカウンターで学級づくりスタートダッシュ　小学校編・中学校編
諸富祥彦ほか編著　Ｂ５判　**本体 各2,300円**＋税

エンカウンター　こんなときこうする！小学校編・中学校編
諸富祥彦ほか編著　Ｂ５判　**本体 各2,000円**＋税　ヒントいっぱいの実践記録集

どんな学級にも使えるエンカウンター20選・中学校
國分康孝・國分久子監修　明里康弘著　Ｂ５判　**本体 2,000円**＋税

どの先生もうまくいくエンカウンター20のコツ
國分康孝・國分久子監修　明里康弘著　Ａ５判　**本体 1,600円**＋税

10分でできる　なかよしスキルタイム35
國分康孝・國分久子監修　水上和夫著　Ｂ５判　**本体 2,200円**＋税

エンカウンターで
保護者会が変わる
(小・中)

多彩なエクササイズ集

エンカウンターで学級が変わる　小学校編　中学校編　Part 1～3
國分康孝監修　全3冊　Ｂ５判　**本体 各2,500円**＋税　Part1のみ　**本体 各2,233円**＋税

エンカウンターで学級が変わる　高等学校編
國分康孝監修　Ｂ５判　**本体 2,800円**＋税

エンカウンターで学級が変わる　ショートエクササイズ集　Part 1～2
國分康孝監修　Ｂ５判　①**本体 2,500円**＋税　②**本体 2,300円**＋税

エンカウンターで学級が変わる
(小・中・高)

図書文化

河村茂雄の学級経営

学級経営についての研究を続ける著者が，学級集団制度に伴う，学校教育最大の「強み」と「危機」を浮き彫りにしながら，集団の教育力を生かす学校システムを生かす教育実践を提案します。

●入門編

学級づくりのためのQ-U入門
A5判 本体1,200円+税

授業づくりのゼロ段階
A5判 本体1,200円+税

学級集団づくりのゼロ段階
A5判 本体1,400円+税

学級リーダー育成のゼロ段階
A5判 本体1,400円+税

アクティブ・ラーニングのゼロ段階
A5判 本体1,200円+税

●実践編

Q-U式学級づくり
小学校(低学年／中学年／高学年)／中学校
B5判 本体各2,000円+税

学級ソーシャルスキル
小学校(低学年／中学年／高学年)／中学校
B5判 本体2,400円～2,600円+税

ここがポイント
学級担任の特別支援教育
B5判 本体2,200円+税

●応用編

学級集団づくりエクササイズ
小学校編／中学校編
B5判 本体各2,400円+税

授業スキル
小学校編・中学校編
－学級集団に応じる授業の構成と展開－
B5判 本体各2,300円

学級タイプ別 繰り返し学習のアイデア
小学校編・中学校編
B5判 本体各2,000円

学級崩壊 予防・回復マニュアル
B5判 本体2,300円

シリーズ 事例に学ぶQ-U式学級集団づくりのエッセンス
集団の発達を促す学級経営
小学校（低／中／高）・中学校・高校
B5判 本体2,400～2,800円

シリーズ 事例に学ぶQ-U式学級集団づくりのエッセンス
実践「みんながリーダー」の学級集団づくり
小学校／中学校　B5判 本体各2,400円+税

主体的な学びを促す
インクルーシブ型学級集団づくり
A5判 本体1,800円+税

図書文化